お母さんは息子推《お》し

ヒヨくんあっくん成長日記

「子育て」というもの

小さい頃
空を眺めるのが好きでした
雲が形を変えるのが
面白くて仕方なかったのです
りえちゃん 何してんの?
くも 見てる
ずっと 座ってるね
へぇ〜
くもって 動いてるん だねー

大人になり
会社員時代
えーと
カチカチ
目の前はビルの壁
「空を眺める」なんてことはもう
しなくなっていましたが
子どもを産み
その子どもが話せるようになると
ねえママ
雲が空にとけていくね

なんだか
久しぶりに
空を見たような気がしました

子育てというのは
こういった
再発見の
連続のような
気がしています

息子たちの目を借りて
ママ
はっぱキレイね〜
どうして葉っぱはみどり色なんやろ
また世界を一から体験できる
何もかもキラキラしてた
あの頃の感覚を
思い出させてくれる
キャー

そして雲のように
形を変えていく息子たち
この本は
そんな日々を描きとめた
たわいない日記です

もくじ

第1章　お母さんは（そろそろ）子離れ検討中!?

2018 8月5日（SUN）-12月30日（SUN）

第2章　お母さんは、（すくすく）成長に戸惑い中！

2019 1月3日（THU）-3月25日（MON）

第3章 お母さんは迫り来るイヤイヤ期警戒中！

2019 4月1日(MON)-8月3日(SAT)

YAMAMOTO FAMILY

やまもと家 人物紹介

PEOPLE INTRODUCTION

やまもとりえ

イラストレーター。2人の息子の子育てに奮闘中！ 最近ハマっているのは「テ○スハウス」。

トモヒト

4才年下の夫。やまもと家を穏やかに支える一家の大黒柱。今回、出番少なめ。

ヒヨくん（4才）

マイペースな長男。兄としての自覚が芽生え始め、保育園にも慣れた。

あっくん（1才）

めったに泣かない次男。そろそろイヤイヤ期…？

トンちゃん（7才）

やまもと家の長女。めったに動かない猫。

第1章

お母さんはそろそろ子離れ検討中!?

2018

8月 5日（SUN）-12月 30日（SUN）

親離れ、子離れ

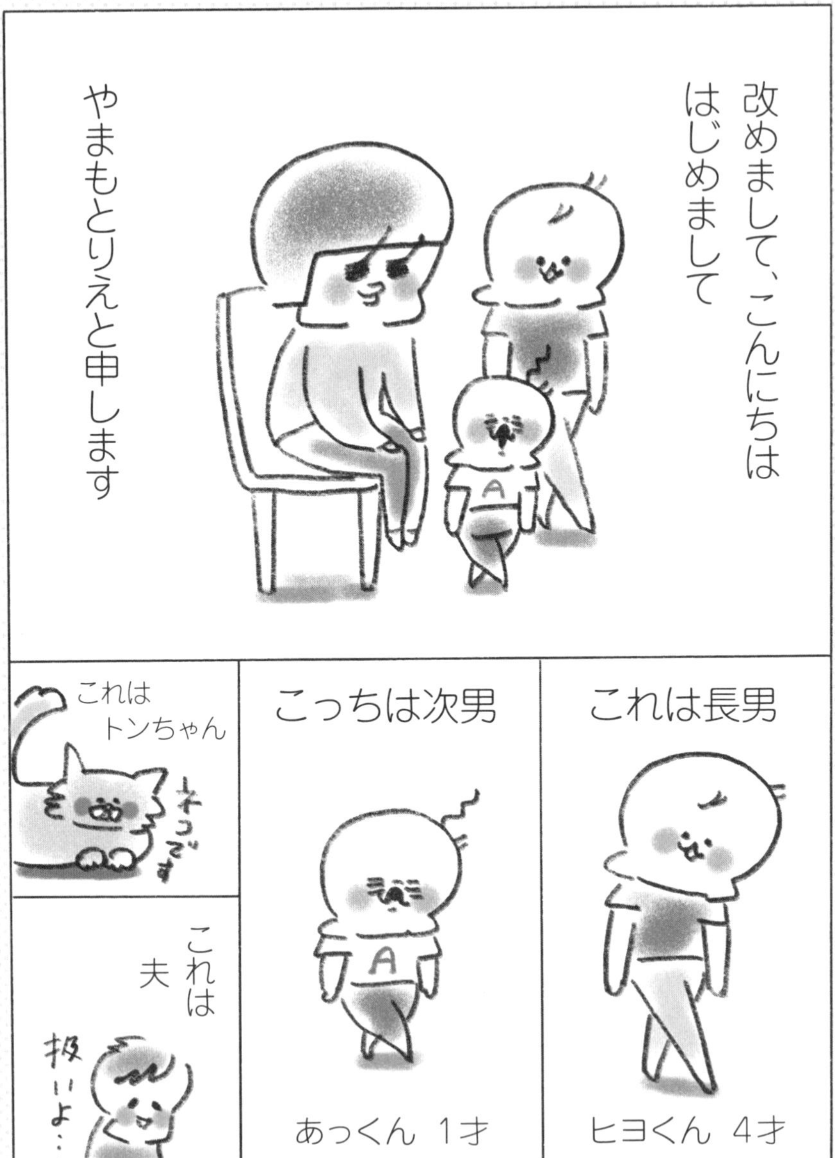

改めまして、こんにちは
はじめまして
やまもとりえと申します
これは長男
ヒヨくん 4才
こっちは次男
あっくん 1才
これはトンちゃん
ネコです
これは夫
扱いよ…

長男と次男は
去年の春から
同じ保育園に
通いはじめました
0才で入った次男は
すぐ保育園に慣れたのですが
すぐ日常に…
3才半の
長男は——

泣いて
泣いて
泣いて
ゔわあ゛
あ゛あああ゛あ゛あ゛あ゛
たすけてえええええー
ずずず…
とにかく毎日
拒絶していました
保育園に楽しく通ってほしくて
いろいろ工夫したものの
(既刊『お母さんは心配症!?』参照)
息子は突然
ヒヨくん もう泣かない
と自分で決意
完全に泣かずに
行けるようになったのは
夏のおわり頃でした
ミーン
ミン
ミン…

その頃になると
近所を
歩いているだけで
あ
ヒヨくんだ
ヒヨくーん
バイバーイ
バイバーイ

じーーーん
3年半
私と2人きりの時間が
多かった長男に
友達ができている
い、今のお友達?!
うん
あの子はお歌が上手やで
靴はプリンセスでかわいいねん
ほ、他には??友達いるの??
んーと
○○くんは面白くて△△くんはかっこいい

保育園に入る前の長男はよく眠る前に
パパとママとあっくんとトンちゃん
だ〜いしゅき
と言ってくれていました
それが、ある日
だーいすき
○○くんも△△ちゃんも××くんも□□ちゃんもだーいすきやねん

さみしいような嬉しいような
不思議な感覚
……
こうやって
息子の中の
大事なものは
少しずつ
変わっていくのだな
そっかー
じゃあ…
私も
少しずつ
子離れ
していかないと

・・・んで、
そういえば子離れした後
私には何が残るんだろ…
今は子育てに追われて
キャー
まって〜
趣味も何もあったもんじゃないし…
いや仕事があるし…
とはいえいつまでも仕事をもらえるって保証はないし…っっ

こっ怖っっ
20年後とかどうなってんの私：：
ゾンビのように息子の影を
追いつづけてしまうのでは…
と＊く〜ん
あ・く〜ん
写真

やばい…
ガバッ
それだけは
避けたい…
楽しい
老後ライフを
わては
過ごすんや…
過ごすんやで…!!
何か…
フラ…
フラ…
息子以外の
何かを
見つけねば…

そうだ…
は…
林遣都さま…
好きな芸能人を追いかけるとか…
ダメだぁあ
う〜ん
林遣都さまもかっこいいけど息子達の方が可愛い〜〜

息子が推しなんて
サイコーじゃないですか
K-POP好きの担当さん
私の推しなんて
先日解散しましたよ
ホロリ
そうか…
息子以外の何かを見つけたとて
いつまでもあるとは限らないんだ
気づき…
というわけで
（どういうわけだか）
しばらくは息子推しを続けようと思います

考えることを 放棄したとも言えます

音楽がなると
手をクルクルさせる
クルッ
クルッ
クルッ
はらまき

8月 5日 (SUN)

手だけじゃなく自分もクルクル

私の趣味で買ったシルバニアをとても気に入った長男
ママ 軍団ねずみであそぼ
スパイごっこしよ
シルバニアファミリーって言って
そとでスパイって

8月 6日 (MON)

遊び方の方向性…！

保育園にて
せんせー おはよーございます
ペコ
ママにバイバイしようね
あいさつできてる!!（1才1カ月）

8月 7日 (TUE)

保育園の教育ってすごい

次男がテンション上がるとこのポーズをするようになった
glee脳の母
やだ〜!! gleeのポーズじゃ〜ん!!!

8月 8日 (WED)

glee大好き人間です

次男が新芸を覚えました
スタンバイ
いない
いなぁ〜い
自分で言う
バァ〜
ミマ
いない
いない………
いない!!!

8月 9日 (THU)

芸達者な次男…

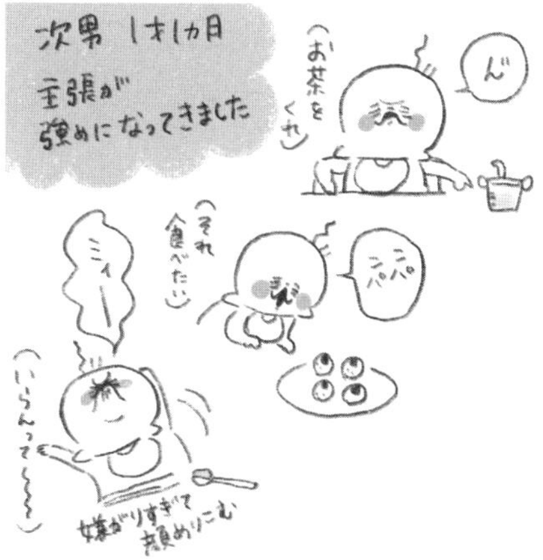
次男 1才1カ月
主張が
強めになってきました
(お茶をくれ)
ん
(それ食べたい)
パパ
ミィ〜
(いらんって〜〜〜)
嫌がりすぎて
顔めりこむ

8月 10日 (FRI)

自我の目覚め

息子がわけのわからんことでぐずっている時
ママのお顔にうめぼしつけたい〜
「この泣いている少年が後の林遣都である」
ってナレーション入れると脳が癒される

8月 11日 (SAT)

母、自衛のためのライフハック…

あっくんが
あざとい
ポーズを
覚えて
可愛いすぎて
どうにかなり
そうです
パア
パア
パア

8月 12日 (SUN)

こんな可愛いポーズどこで覚えるんだろう

8月13日(MON)

夏休み怖い…

8月14日(TUE)

まるで猫だましのようです

8月15日(WED)

長男の成長をひしひしと感じます

8月16日(THU)

お腹が冷えます

一緒がいいね

新しいコップを買ってもらった長男
おにーちゃんのやで
あぶ～
ぶ～～～～
兄と同じものがほしい弟

1.

兄と同じものを買っても
兄が持ってるものがほしい弟
ベチン
お゛お゛お゛お゛
いかく音
あ～か～ん

2.

8月18日（SAT）

長男がいぬまにコップを狙う次男の姿をよく目撃しています

興味

生きものに興味がでてきた長男
なんでシーラカンスは
深い海の中におるんやろ
明るい方が遊べるのに…
とくに海の生きものが好きらしい

1.

先生にねフクロウナギは
アゴがはずれて死ぬ話をしたの
先生はなんて？
こまってた
困ってたのがわかるなんて成長したね

2.

シュウマイを見た長男
クリオネみたいやな〜
ああ、色味がねー

3.

8月21日（TUE）

さかなクンさんの本をよく読んでます（母が音読）

ママ
シャチはな
コソ
にくしょく
なんやで
小声で教えてくれました
ええ。
そうなの!?
つられて
小声
鼻の穴
広がってるよ

シャチに夢中な４才児

8月22日 (WED)

保育園におむかえいったら同じクラスの子が
ヒヨくん
好きやでー
思わず大きい声で「ありがとおぉ」って言ってました

自分の推しを好きと言ってもらえる幸せ

ちょっとした段差にすぐ座る次男
よいせ
LEGO
窓のとことか
よいせ
やめて
トンちゃんは
やめて
あげて
よいせ

トンちゃんを段差だと思うのやめて

保育園にお迎えにいくと
あっくーん
あっくーん おいでー
先生
絵本をまだ読みたかったようです

絵本を絶対離さない。静かなる抵抗

8月23日（THU）

今朝、「ごはん何食べたい?」って聞いたら
やわらかいもん
あるんかな
おじいかな?
パパ

アゴ痛いんか?

台風の日、少し早めにむかえにいくと
まだおやつタイムで
あっくん ふきふきしよか〜
もぐ
もぐ
ちゃうちゃう おくち ふきふきやで〜
ふきふき

テーブルが綺麗になってました

誰とでもシャチ

夫の友達一家が遊びにきました
シャチは人も食べましゅ
シャチはアシカも食べましゅ
ほんまかー
まずは、シャチの説明からスタート

1.

次はレゴで遊びの指示
変な車つくって
オッケー!
基本なんでも受け入れるご夫婦

2.

8月24日（FRI）

シャチの説明だけで30分。優しくってよかったね…

アンパンマンの絵本をもってきて
お!
お!
あっ
あっ
バイキン
フフフ
そ〜〜だよ〜〜〜
一緒だね

体験教室

1.

2.

8月27日 (MON)

新しい場所が苦手だから泣くかと思ってたけど楽しそうでよかった

朝おきたら目の前にあった光景

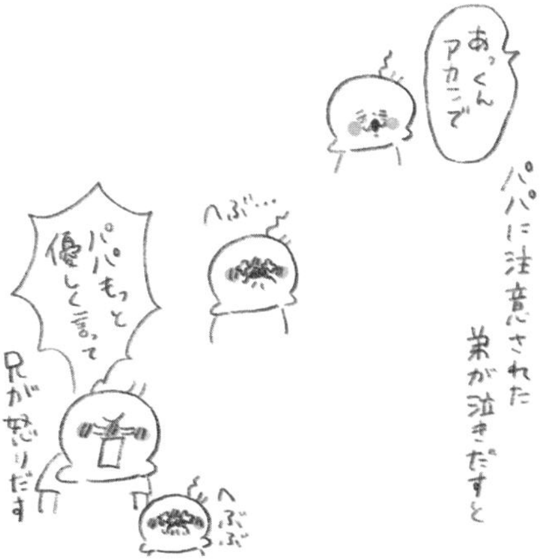
パパに注意された 弟が泣きだすと
あっくん アカンで
へぶ…
パパもっと 優しく言って
兄が怒りだす
へぶぶ

ついに、パパ<弟 の時代到来か…!?

8月31日(FRI)

ごはん中、息子が急に
頭の中の考えるとこの うしろの方で 目を動かす ために がんばってる ねん
左きき
何何何何

独特な語彙力に動揺する母

コップで飲みたい次男
食器棚をあけて
コップをもってきて 催促
ダ
ごっごっ
だいたいこぼす

両手でコップ持ってる姿が見えて可愛いです

ボディーソープを指さして
ん
洗うマネをしたり
ウェットティッシュを指さして
ん
ふくマネしたり
そして得意げ

9月 3日 (MON)

とにかく覚えのいい次男

台風で保育園休みです
弟を頭で押す遊びに興じてます

9月 4日 (TUE)

どういう遊びよ…

長男が「私はだれでしょう」って言うから
「わかんな〜い だれ〜?」と聞くと
人の命と
同じサメ!!
なんのことか分かんないけど
語呂がいいですね

9月 5日 (WED)

独特な語彙力その②

ありがとう
って言うと
深々と頭を下げ
ペコ
でち
体やらかいね〜

9月 6日 (THU)

深い感謝の意を表わしています

お遊戯会

保育園のお遊戯会がありました
発表当日の朝
・・・
泣きだす息子
誰にも見られたくないねん
誰も(自分の子ども以外)見てないから大丈夫だよ
ママみんなの目を隠しておいて・・・
ママ手が2本しかないからそんまでしかムリだわ・・・
そして会がはじまり幕があくと
パチパチ
泣きつかれて放心状態の息子が
・・・
(私)
(パパ)
あれだけ動かないのも相当勇気いると思うけど・・・ふっ・・・
全然動かんやん・・・
そしてすべておわり幕がとじる瞬間
やりきった顔
どーして出来る

すがすがしい顔をしていました

あっくんに「ダメだよ」というと
怒って
いじけてそっぽむいてムシするので
あっくん あっくん
好きだよ〜
と言ってみたら
ぱー
ふりかえりました

9月 7日 (FRI)

さっき泣いたカラスがもう笑った…

ついに次男が
テーチャ
トンちゃんの名を…!!
(テーチャっていってるけども!!)

9月 8日 (SAT)

君の名は…

長男が自分の枕とパパの枕をくっつけて
せっせ
こうしたら会えるやん
会えるて

9月 9日 (SUN)

恋人かよ

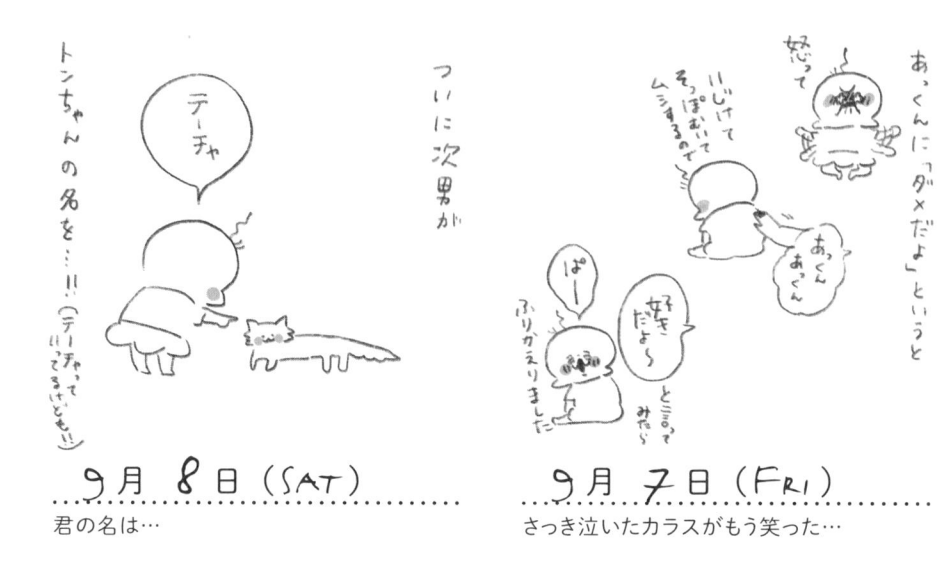

うそつき

次男がはじめて
バッバ〜イ
と言った日
ただいま〜
聞いてっ
あっくんが「バイバイ」って言ったの
パ〜パ〜
ほらっ
バイバイって言ってみて〜
すん…

気分じゃないらしい…

また別の日
アンピャ〜〜ん ミャ〜〜
えっ
アンパンマンって言った!?
アピャ〜 ミャ〜
今日ね あっくんがね
「アンパンマン」って言ったよ〜
ほら
これだれ?、
すん
AN PAN

夫から嘘つきって呼ばれてます

お熱の日

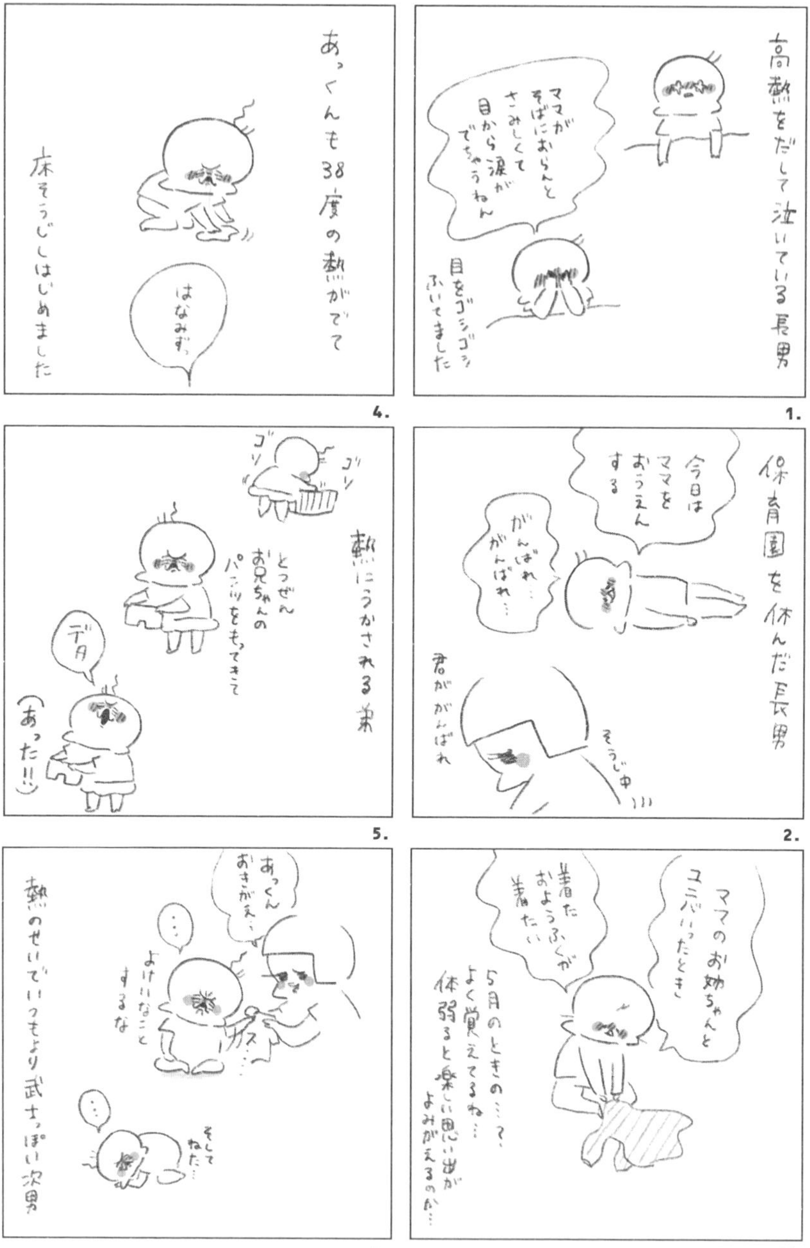
1.
高熱をだして泣いている長男
ママがそばにおらんとさみしくて目から涙がでちゃうねん
目をゴシゴシふいてました
2.
保育園を休んだ長男
今日はママをおうえんする
がんばれ… がんばれ…
君ががんばれ
そうじ中
3.
ママのお姉ちゃんとユニバいったとき
着たおようふくが着たい
5月のときの…って
よく覚えてるね…
体弱ると楽しい思い出がよみがえるのか…
4.
あっくんも38度の熱がでて
床そうじしはじめました
はなみずっ
5.
熱にうかされる弟
ゴソ ゴソ
とつぜんお兄ちゃんのパンツをもってきて
デタ
(あった!!)
6.
熱のせいでいつもより武士っぽい次男
あっくんおきがえ…
…
よけいなことするな
…
そしてねた…

9月14日 (FRI)

熱を出すとしおらしくなる長男と武士になる次男。それぞれのスタイル

熱が下がった兄弟をつれて外へ
どっか行きたいとこある〜？
一緒にいよう

恋人かよ（その2）

9月15日（SAT）

シューパーマンでーしゅ
ふらふらふら…
長男のあとには必ず次男のかげ

とにかくついていく

選択に迷って長男に「どう思います？」と聞くと
み〜んな仲よくしたらいいと思います
うんうん
解決はしません（あと次男がうなずくことを覚えました）

博愛の精神

レゴ界のエリート戦士

9月16日(SUN)

大阪の天保山にあるレゴランドの中で、レゴの組み立て方を教えてくれる「レゴ教室」なるものがあるのですが、いつもなら知らない場所に行くとモジモジしちゃう長男が、ここでは東進に通う受験生のような顔つきに変わり前のめりで授業に参加するので、「将来はレゴ関係の仕事についたら?」と長男に提案すると「何もしない人になりたい」と返されました。将来が不安です。

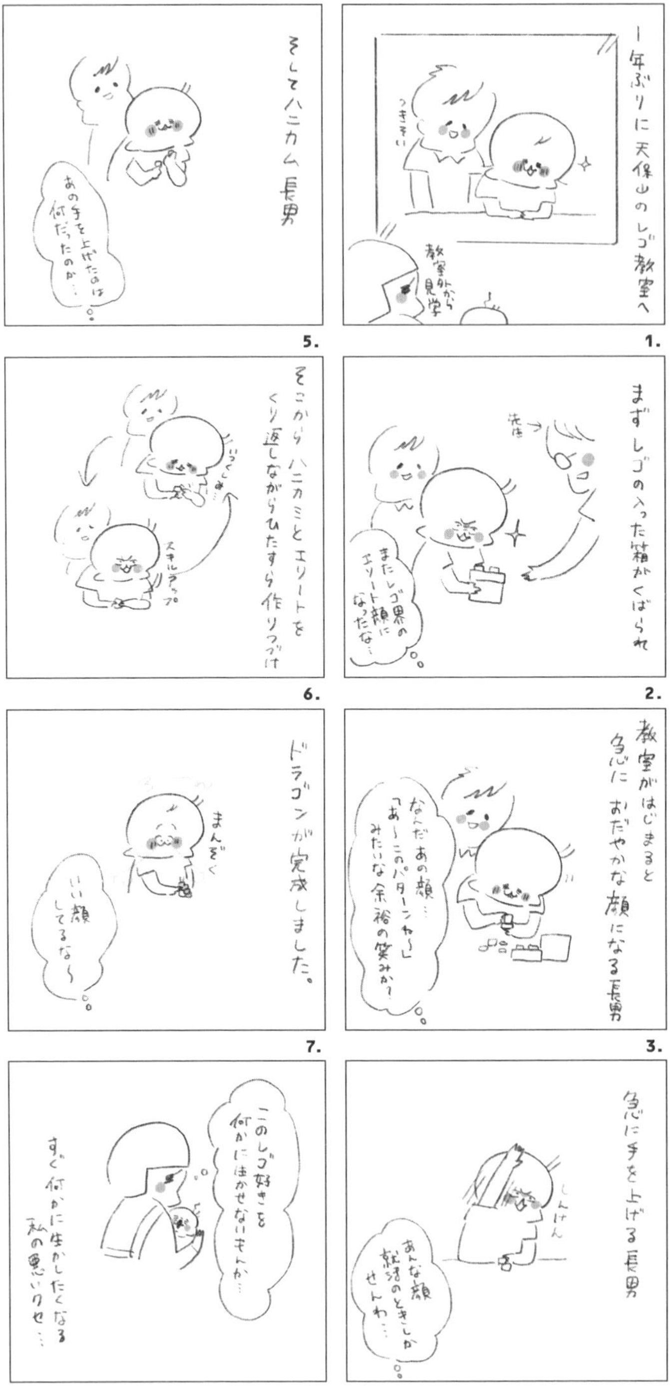
1.
1年ぶりに天保山のレゴ教室へ
つきそい
教室外から見学
2.
まずレゴの入った箱がくばられ
先生→
またレゴ界のエリート顔になったな…
3.
教室がはじまると急におだやかな顔になる長男
なんだあの顔…「あ〜このパターンね〜」みたいな余裕の笑みか?
4.
急に手を上げる長男
しんけん
あんな顔就活のときしかせんわ…
5.
そしてハニカム長男
あの手を上げたのは何だったのか…
6.
そこからハニカミとエリートをくり返しながらひたすら作りつづけ
いつくしみ
スキルアップ
7.
ドラゴンが完成しました。
まんぞく
いい顔してるな〜
8.
このレゴ好きを何かに生かせないもんか…
すぐ何かに生かしたくなる私の悪いクセ…

36

9月18日(TUE)

30代も後半戦!　頑張ります!

朝一番に目が覚めた長男が
だ・れ・を お・こ・そ・う か・な
と言ってるのが 聞こえたので
瞳をギュッと閉じました

9月21日(FRI)

ホラーでした

3人でイオン行きました
あっくん
ひやひや
迷子なるで
ママ!! あっくんが 商品 さわっちゃう
ひやひや
ママ!! お願いだから あっくん だっこして
ずっと服をもってる

9月22日(SAT)

膝が痛くて歩かせたら、長男が気が気じゃないようで結局抱っこ

オモチャのギターを買った長男
世界を変える映画の
うたを歌うわ
え、めっちゃすごいじゃん

9月23日(SUN)

歌いはじめたら、まさかのギターを使わないスタイルでした

くつ下をはかせてと言ってくる（しかもお兄ちゃんのを）
あ
あ
ん
ん
ギュ
んふー
ちょっと大きい

か、かわいい…

外へいきたい次男
くつばこへ行って
くつをもってきて
デケタ
（出来た）
玄関を指さす
ん

「デケタ」って言えるようになりました

9月 XX 日（XXX）

イスとおかし（ボーロ）をもってきて
ずるずる
ふうー
どっこいで
テレビ観はじめました
ナイターをみるおっちゃん

おかしが枝豆に見えたよ

あっくんが最近顔をくしゃって中央に集めて笑うので
くしゃっ
「浅野温子笑い」と呼んでます
（RIKACO笑いでも可）

トレンディ

共感力

弟に指をかまれて
ガジ
めちゃくちゃ痛がってきました

1.

「ヒヨくんは指だけどママは乳首かまれるよ」って言ったら
これを…乳首で…

2.

次の日
あっくんがオッパイかんだらヒヨがごめんねって言うから許してね
責任者登場

3.

9月27日（THU）

痛みに張りあってみた母。その後、本当にあっくんが乳首を噛んだら長男が「ごめんね」と言ってきました

「明日も保育園休みだよ〜☆」と言ったら
3才のときは休みやと嬉しい〜って言ってたけど
もう泣かない
それは4才だから
おふろあがり

9月29日（SAT）

4才はもう大人なのである

長男が「これほしい」って言ったとき「考えとくね」と言うと
そういう時はダメってこと
ボソ

9月30日（SUN）

おとなのことよくわかってる…！

なぜか今朝は2人とも笑いながら目が覚めてました
くす…くす…
くすくす…
天国の入口のようでした

10月 1日（MON）

幸せとはこのことである

やっぱりパパが好き

服を選ぶ基準は
パパみたいかどうか
パパみたい?
シンプル
ベルトをつけられる
長ズボン
パパがズボンを折りまげてると
あ…
まちがえたわ
折るんやった…
パパがファッションリーダー
寝ている長男の手をにぎったら
せっかくパパと寝てるのに…
ギュッ
そんな…
パパが次男をコチョコチョしてると
うらやましいな
パパが光のはやさでかけよってきました

3.　1.　4.　2.

10月 2日（TUE）

こんなに愛されてて羨ましいです

1才3カ月 しゃべれる言葉
アパ
←アンパンマン
ンナーナ
ニャーニャ→
デケタ
←できた
ワウワウ
←ワンワン

「デケタ」が一番好きです

10月 3日 (WED)

お茶碗に
オモチャを入れて
自画自賛
カチャ
パチ
パチ
なで
なで

かわいくてもだえる母です

泣いてる弟を見て
ヒヨも小さいころ
泣いてたときがあったねん
今もだけどね

よく泣き、よく育ってくれてます

兄として

あっくん
おいでー
すわりや
ボーロ

1.

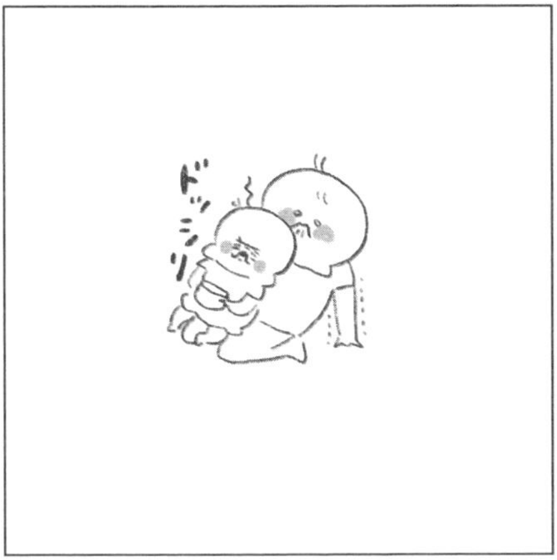
ドッシリ

2.

10月 4日（THU）

がんばるお兄ちゃんと、子泣きじじいのように重い弟

うちの前を息子たちの保育園の
園児たちがあるいてて
みんな小さいし
手をつないでるしで
かんわいかった

自己認識

1.

2.

3.

10月 7日 (SUN)

可愛いよりかっこいいが嬉しい男心

マネしたい

なんでもお兄ちゃんの
マネをしたいお年頃

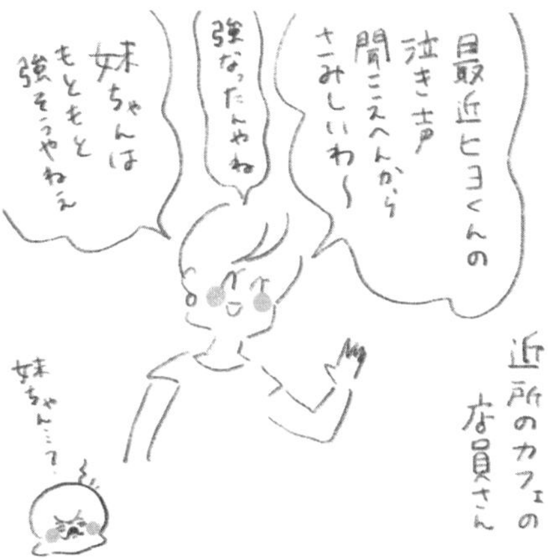
最近ヒヨくんの泣き声聞こえへんからさみしいわ〜
強なったんやね
妹ちゃんはもともと強そうやねぇ
近所のカフェの店員さん
妹ちゃん…？

やっぱりどう見たって女の子には見えない

10月 9日（TUE）

友達の名前を呼べることが嬉しいみたいで
〇〇ちゃーん △△くーんって大きな声で呼んでます。

友達ができたことを息子より喜ぶ私

私がごはんを作りはじめると
まんまぁ
ニャー（ごはん）
しばらくすると…
まんまぁぁ
まんままぁぁ
ニャー
ニャー（はやくしろ）
ちょっとまってね トンちゃんはあげたでしょ

食い意地がすごい

母親失格？

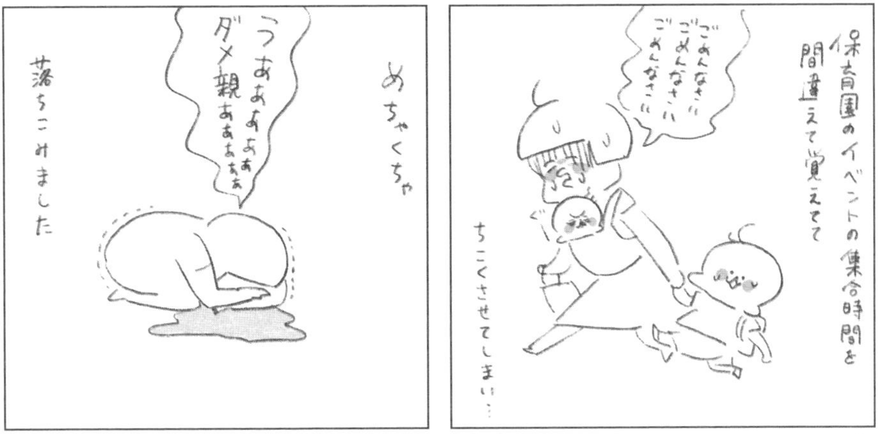
保育園のイベントの集合時間を間違えて覚えてて
ごめんなさい ごめんなさい ごめんなさい
ちこくさせてしまい…
めちゃくちゃ
うあああああ ダメ親あああああ
落ちこみました

2.　1.

10月10日（WED）

本当に、落ちこんで震えてました

なぞなぞ

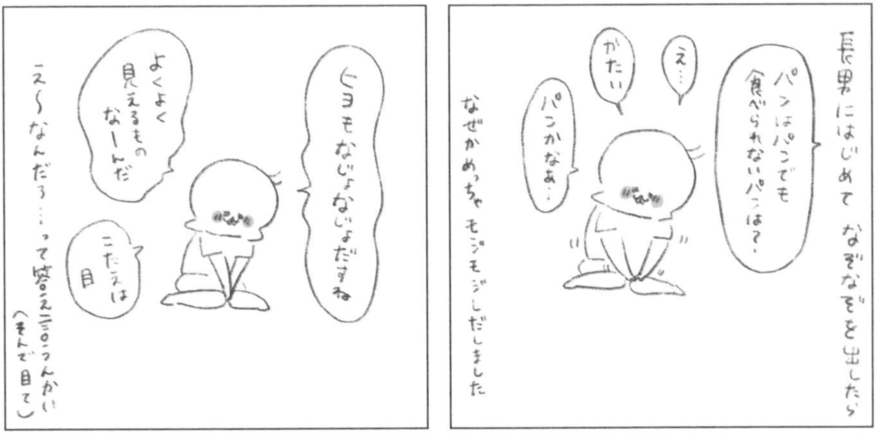
長男にはじめて なぞなぞを出したら
パンはパンでも食べられないパンは？
え…
かたい
パンかなあ…
なぜかめっちゃ モジモジしだしました
ヒヨもなじょなじょだすね
よくよく見えるもの なーんだ
こたえは 目
えー～なんだろ…って答え言っちゃうんかい
（そんで目て）

2.　1.

10月11日（THU）

初めてのものに触れるとモジモジする長男

子どもたちの世界

保育園にむかえにいくと
ギュ
涙目で近づいてきた長男

1.

どうしたのか聞くと
○○くんが耳たたいてきた
でも ごめんねって言ってくれた
そうかー…いろいろあるよね

2.

10月12日(FRI)

いろいろ経験して、人づきあいを学んでくんだね

ノラネコが息子にゴロゴロしてきた
ゴロ
ゴロ
トンちゃんのにおいしたのか?

確信犯的迷子

夫と子どもだけでおでかけしたとき
イオンいってくる
次男に目をむけてる間に
あれっ
いないっ
長男が迷子になり
慌てたものの
ピンポンパンポン
ヒヨくんのお父さん ヒヨくんがおまちです
すぐ放送が入り
ホッ
迎えにいくと
ヒヨくん3才ですって言ったのに
放送では「3才」って言わんかったな
よゆう
本人いわく
ゲームセンターのバスと目が合い
じー
怖かったので向かいの店に逃げこみ
店員さんを呼び
ちょいちょい
どーしたの？
ヒヨくん3才ですパパを呼んでください
夫を呼びだしたんだそうです

ちなみにこの時、4才です

運動会

10月14日(SUN)

息子たちの初めての運動会です！　長男は春に、激しめの登園拒否やら、「友達作らない宣言」をしていたので、「イベント事とか大丈夫やろか…」と心配していたのですが、いざ行ってみると、大丈夫どころか、めちゃくちゃ笑顔でダンスも徒競走も頑張っておりました。私と目が合うと隣にいる友達に「あれ、ママやねん！」と話しかけていて、それだけのことなのになんだかジンときました。

保育園の運動会でした

1.

息子のよーいどんの構え
よーい
ス…
内股!?
そして誰よりもやる気

2.

ダンスの時の息子
めちゃくちゃ楽しそう…!!
(楽しすぎて小刻みに揺れてる)

3.

一番おどろいたのはころんで泣いてる子のところに
←先にゴールしてた
声をかけにいってたこと
(そんな事できるようになってたなんて…)

4.

数カ月前には保育園嫌がってたとは思えないくらいエンジョイしてて
私も夫も感動してました
すごいなあ

5.

感動しすぎて先生にお礼を言いにいきました
先生!! ありがとう!! 教育ってすごいですね!!
はあ

6.

あっくんは仕切りのロープを食べてました
よきかな
あっくんやめて!!

7.

愉快な運動会

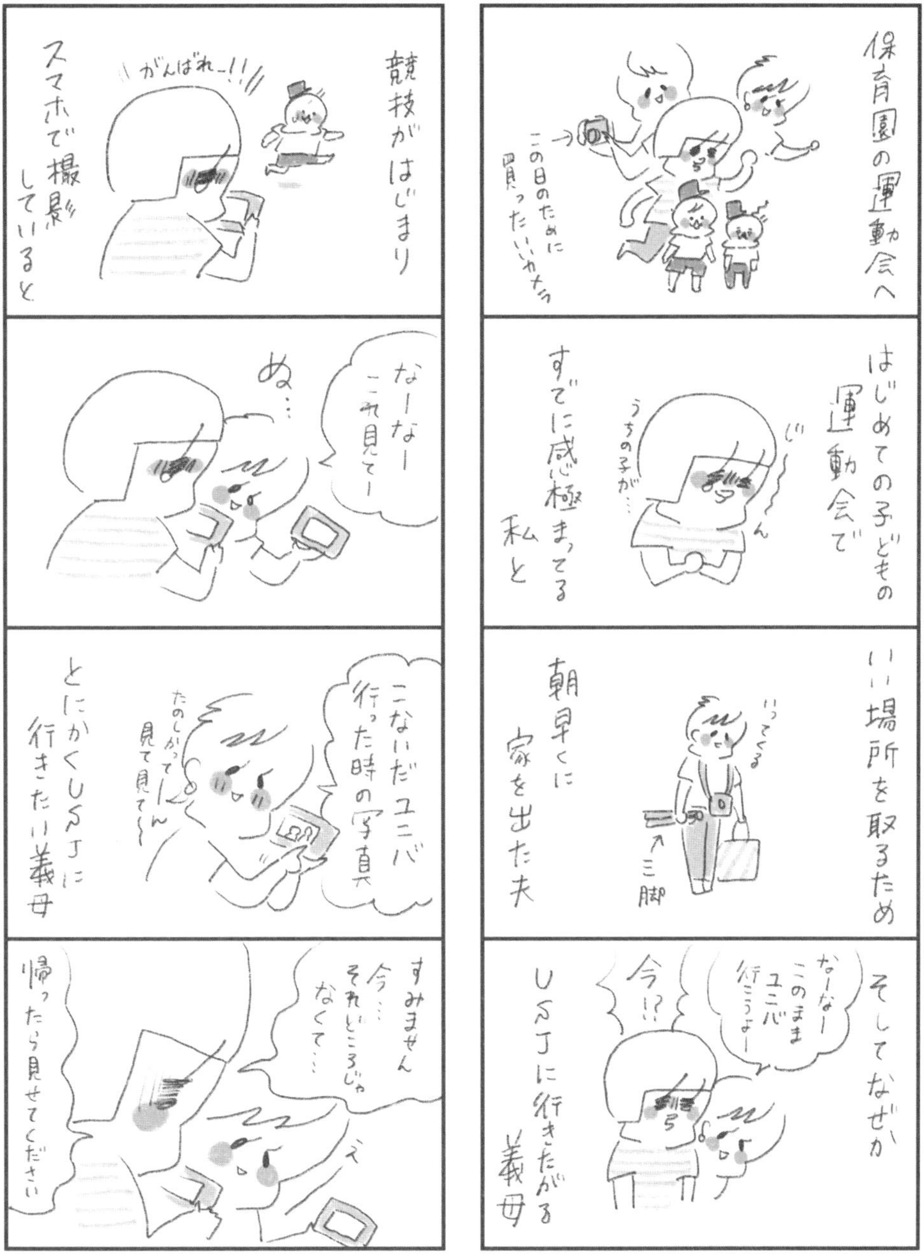
保育園の運動会へ
この日のために買ったいいカメラ
はじめての子どもの運動会で
すでに感極まってる私と
うちの子が…
じ〜ん
いい場所を取るため
朝早くに家を出た夫
いってくる
三脚
そしてなぜか
USJに行きたがる義母
な〜な〜このままユニバ行こうよ〜
今!?
競技がはじまり
スマホで撮影していると
がんばれ〜!!
な〜な〜これ見て〜
ぬ…
こないだユニバ行った時の写真
たのしかって〜ん
見て見て〜
とにかくUSJに行きたい義母
すみません今…それどころじゃなくて…
え
帰ったら見せてください

次男のいる0才児クラスも
0才児クラスのみなさ〜ん あつまってくださ〜い
1つだけ競技がありました
「コスプレして障害物走」です
ギャー
かわいい!!
親たちは
ヒー
かわいー
全員メロメロ
競技には親子で参加するのですが
よいしょ よいしょ
みかん
ずる ずる
意外と子ども1人ですることも多く
おいでー
おいで!
自力でがんばる
ポテポテ
姿を見ていると
全員ゴールで〜す
ワー!!
みんなこないだまで何もできない赤ちゃんだったのに
他の子の成長まで嬉しくて泣けてきました

それから長男と親子で出る競技もあり
いっくぞ～
あおぐみ
久しぶりの運動会ではりきってたら
1位をめざせ～
あおぐみ
見事にすっころびました
わっしょ～い
あおぐみ
恥ずかしい事だと息子に悟られぬよう平静を装い
大丈夫？
ス…
「はて、何かありました？」という顔で
また走りだし
トットットット
1位になりました
パァ～ン
どうか誰も…
誰も…見てませんように
ママ…ころんだやんな
りえちゃーん!!
転んでたやん!!
バッチリ見られてました

しっかり動画もとられてました

パパになりたい

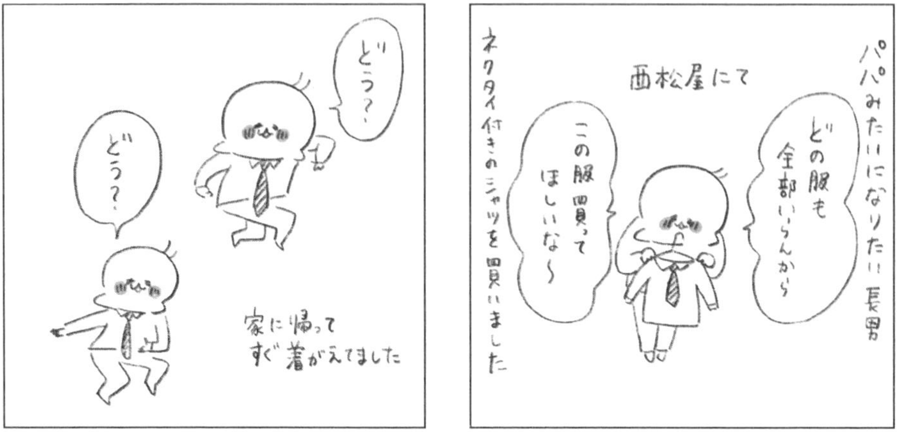
パパみたいになりたい！長男
どの服も全部いらんから
西松屋にて
この服買ってほしいな〜
ネクタイ付きのシャツを買いました
どう？
どう？
家に帰ってすぐ着がえてました

2. 1.

10月15日（MON）

西松屋のシャツ1枚でご機嫌なら安いもんですね

あっくん動かす屋さんでーしゅ
ずるずる
ずいぶんと狭い商売はじめたな

2018.10

子どもたちの距離感

保育園の帰り道
同じクラスの子に会って
ぼく、ヒヨくんと帰りたい
ヒヨくんと手をつなぎたい
えええ〜〜っっ
そんなこと言ってくれんの〜!?
ありがとおお!!

1.

そしたら息子が
あ、ちょっと手ぇ痛いから
やめとくわ
お゛お゛お゛お――――っっ
せっかく言ってくれてんのにっっ

2.

そのまま2人で手を広げて走りはじめて
ぶうううん
お友達のママが止めに入ってました
おーい お向ちゃうやろっ
(逆だったらしい)

3.

10月16日（TUE）

…ちなみに、手が痛いのは嘘でした…

しょうがない

あっくんがペットボトルをあけて(怪力)床をビショビショにしたのですが
ドボドボ
トテトテ
ウェットティッシュをもってきてくれました
ほれ
えっ

1.

「しょーがねーなー」って顔で拭いてくれましたが
あんただよ。

2.

10月17日(WED)

ウェットティッシュだから全然吸わないし

あっくんの庇護者

あっくんほらはっぱだよ
秋だねぇ
うむ…
あっくんに落ち葉を渡したら

1.

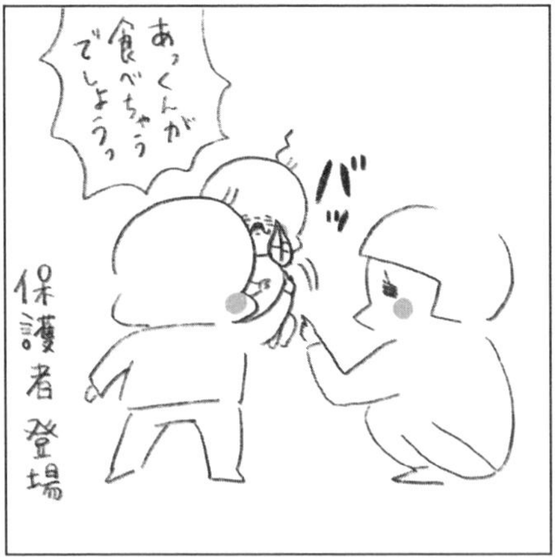
あっくんが食べちゃうでしょうっ
バッ
保護者登場

2.

10月18日(THU)

あまりに過保護なのである

添い寝

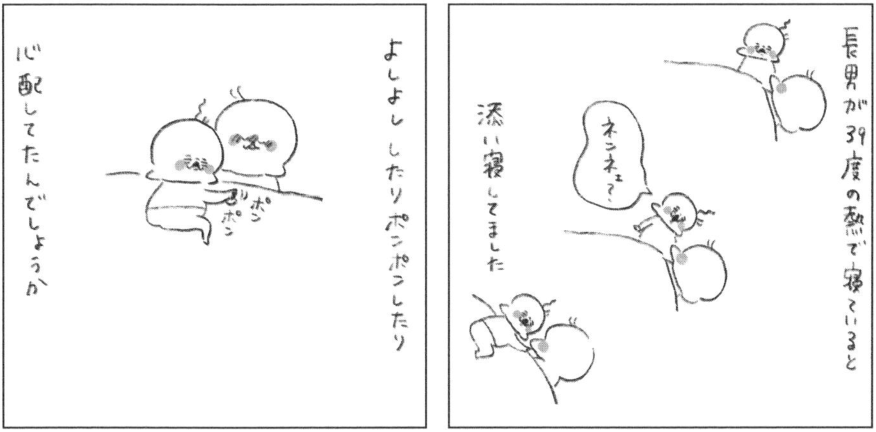

10月19日（FRI）

次男ももりもりと成長しています

変わり身

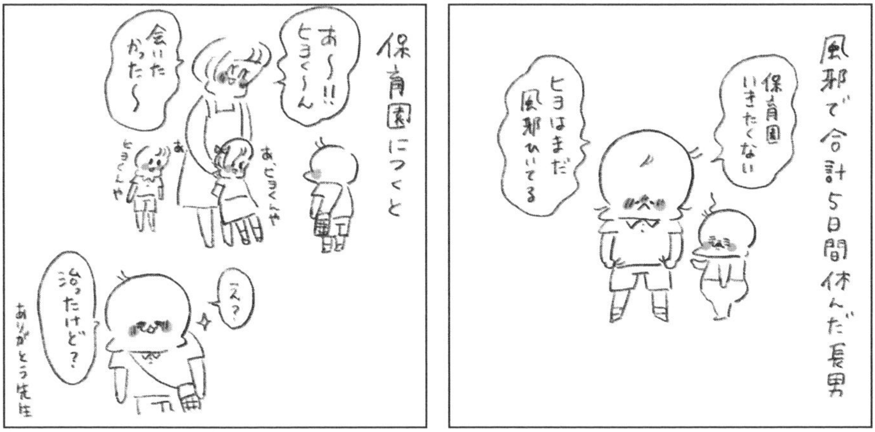

10月23日（TUE）

先生、優しくっていつも感謝しています！　ありがとうございます！

共鳴

ママー 見てー
くじらの絵を描いたの
ちょっとまちがっちゃったんやけどね
わあすごいね!!!
でも
まちがえちゃったんやけどね
ガシ
ビリッ
う゛わ゛あ゛あ゛あ゛あ゛あ゛あ゛
ビクッ
うわあ!!! あっくん!!!
最後は2人で大泣き
セロハンテープではりつけました

10月24日 (WED)

ここ最近で一番泣いたことがコレです

泣きやみたいのに、それができなくて
涙がぜんぜん
なくならないんだよ〜
ゴシ
ゴシ

大切にしたい長男の言葉たち

また熱が出た長男
よいしょ
ふう…
うえええええ〜〜
あっくんがあ〜

こないだは優しくヨシヨシしてたのに…

10月XX日（XXX）

クラスの子にあっくんを紹介
これあっくん
かわいいでしょ〜
いてっ
バシッ
いてっ
ガシ

やっぱり強い次男

私が育ててる豆苗を食べている
むしゃ
むしゃ

生の豆苗おいしいか?

ハードル

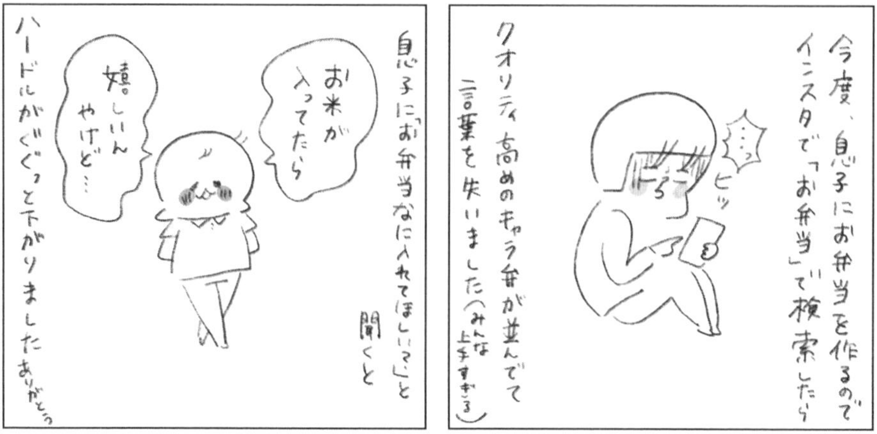
今度、息子にお弁当を作るので
インスタで「お弁当」って検索したら
……っ
ヒッ
クオリティ高めのキャラ弁が並んでて
言葉を失いました（みんな上手すぎる）
息子に「お弁当なに入れてほしい？」と
聞くと
お米が入ってたら
嬉しいんやけど…
ハードルがぐぐっと下がりました
ありがとう

2. 1.

10月26日（FRI）

その後、お米を入れたお弁当は無事作られました

お留守番

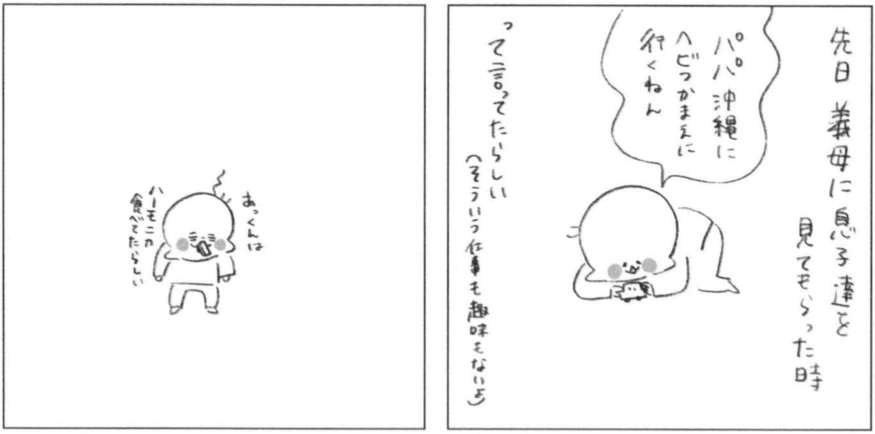
先日 義母に息子達を見てもらった時
パパ沖縄にへびつかまえに行くねん
って言ってたらしい
（そういう仕事も趣味もないよ）
あっくんは
ハーモニカ食べてたらしい

2. 1.

10月28日（SUN）

自分がいないところでの子どもの話は数倍面白く感じる

今年のクリスマス？

長男に
今年のクリスマスサンタさんに何お願いする？
と聞いてみると
もうもらったやん
それ去年でしょ なんと今年ももらえるんだよ
え？
ワイッ

毎年もらえると この時 はじめて知ったようです。

夫のていねいなヒアリングにより
このロボット
いいやん
あ、これはて、
Amazonを見ながら
クリスマスプレゼント
ヒヨくん トランスフォーマーの
オートボットのハウンドにする
決定!!
な…
なんて…？
横文字多くて…
トランスフォーマーのハウンドはオートボットやねん
聞きなおしてもわからず
サンタに手紙を書いてもらっても
な…なんて…？

夫にAmazonのリンクを送ってもらいました

キライ

1.
この前ケンカして
もう
あっくんキライやしな
2.
キライなんて悲しいな
へぶぶ
ママがパパを
キライって言ったら？
へぶ
3.
パパをキライなんて言ったら他の家に行っちゃう…
パパかっこいいんやからやめてよ…

11月　1日（THU）

どこまでもパパっ子で、気がつけばパパの話にすり替わっている…

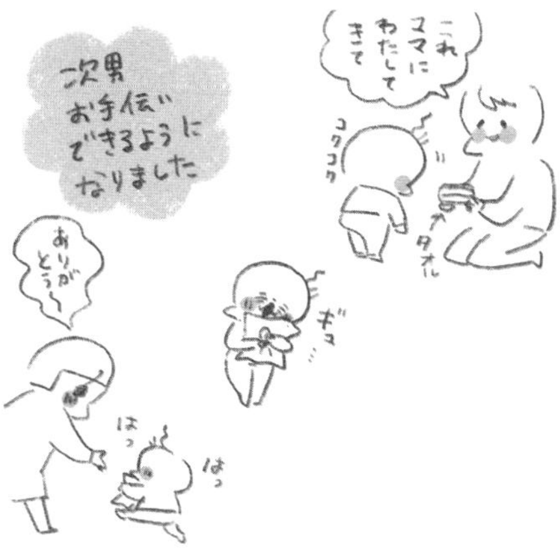

11月　2日（FRI）

言葉をかなり理解する次男

11月　3日（SAT）

夫に指摘されて気づきましたが、白目じゃなくて白目です笑

11月　4日（SUN）

わかる〜ジョリジョリして気持ち良いよね

11月　5日（MON）

足だけ器用に動かします

庇護者②

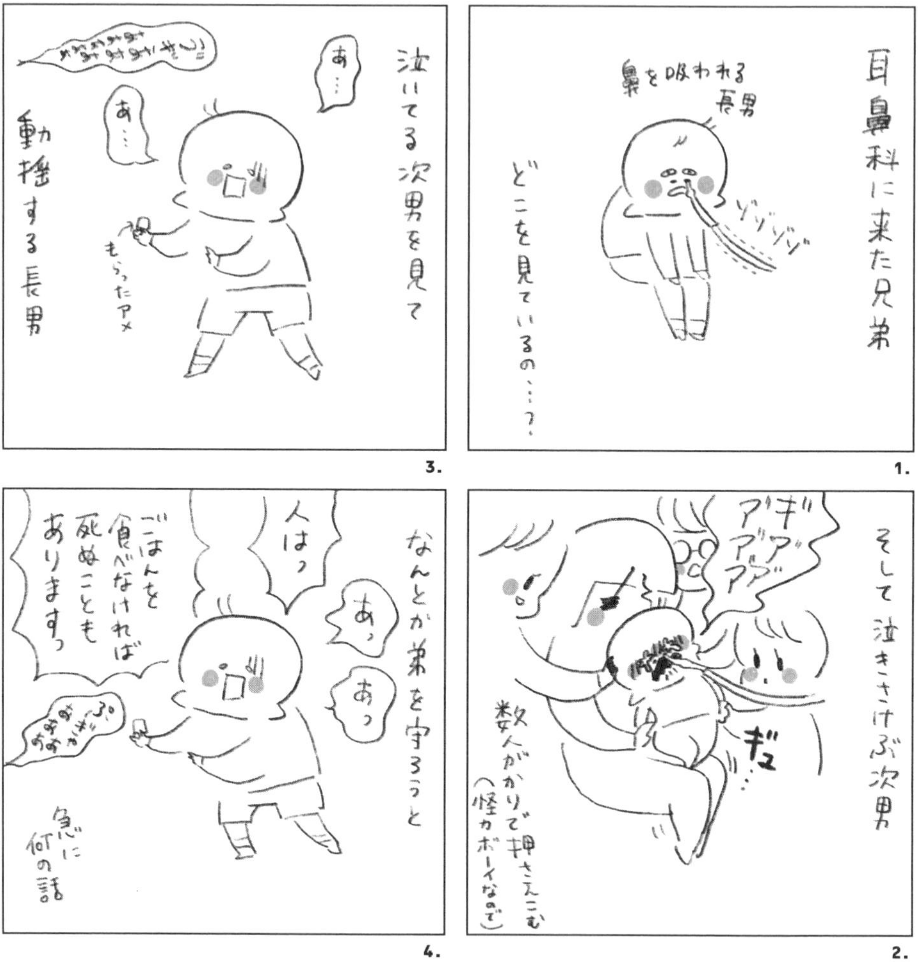
耳鼻科に来た兄弟
鼻を吸われる長男
ゾゾゾゾ
どこを見ているの…?
そして泣きさけぶ次男
ギ゛ア゛ア゛ア゛ア゛
ギュ…
数人がかりで押さえこむ
(怪力ボーイなので)
泣いてる次男を見て
あ…
あ…
もらったアメ
動揺する長男
なんとか弟を守ろうと
あっ
あっ
人はっ
ごはんを食べなければ死ぬこともありますっ
急に何の話

11月 6日 (TUE)

看護師さんも笑ってました

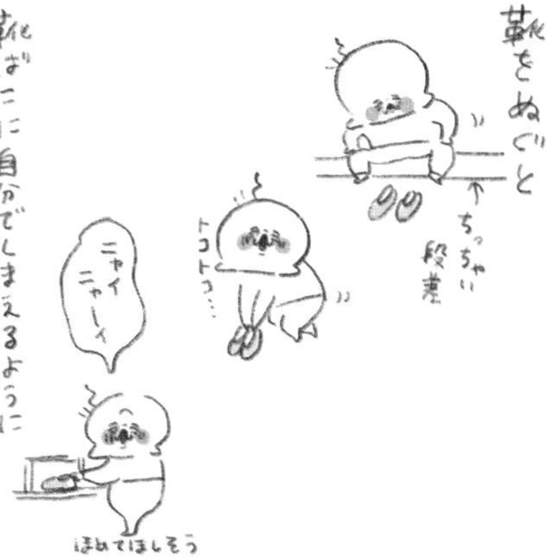
靴をぬぐと
↑ちっちゃい段差
トコトコ…
ニャイニャーィ
靴ばこに自分でしまえるように
ほめてほしそう

11月 7日 (WED)

次男の成長は早く感じます

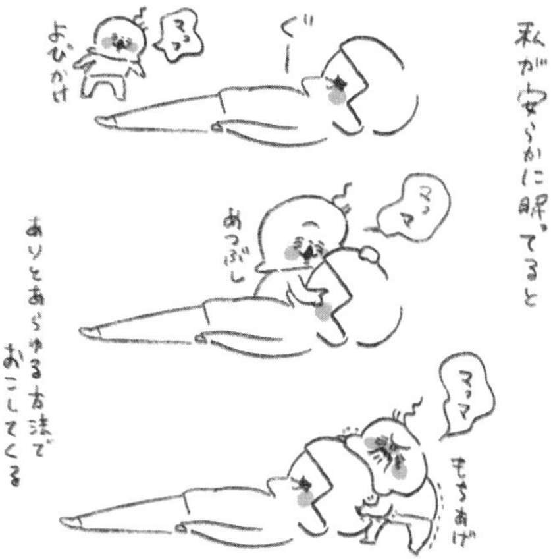
私が安らかに眠ってると
ぐー
マッマ
よびかけ
マッマ
あつぶし
ありとあらゆる方法でおこしてくる
マッマ
もちあげ

11月 8日 (THU)

お願い、安らかに眠らせて…

次男1才4カ月になりました
ぐっ
「クツ」っていえるようになりました（足を上げながら）
あっくんシャチはサメも食べるんやで
気をつけてや
ジャヂ
「シャチ」っていえるようになりました

11月 9日 (FRI)

濁点多め

歯みがき中
あっくん「イー」して
ガヂガヂ
（歯ブラシかんでる）
あっちゃ下の歯出す

11月 10日 (SAT)

下の歯しか生えてなかった時期です

自意識の芽生え

昨日保育園の帰りにお買い物してたら同じクラスの女子にバッタリ会って
あっ
ヒヨくんだっ
わーい
ヒヨくーん
声かけてもらえてるっっ。。。
うれしい〜♡

1.

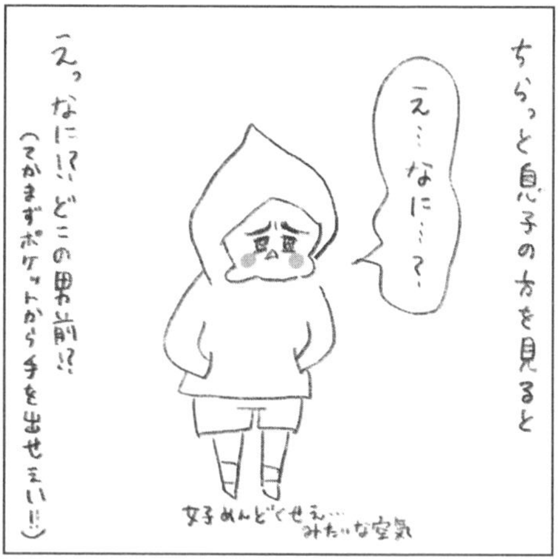

ちらっと息子の方を見ると
え…なに…？
えっなに!?どこの男前!?
（てかまずポケットから手を出せえい!!）
女子めんどくせえ…みたいな空気

2.

ヒヨくんこのハブラシ買うねん
3本セットの安いやつ
わー
きっと保育園でかっこいいって言われちゃうね女
めっちゃ素直でいい子…

3.

最近よく言う言葉
お気の毒に
おっぱい

11月14日（WED）

女の子が優しい子でよかったよ

11月15日（THU）

パパをリスペクトする余りに虚言

11月16日（FRI）

長男と一緒に子育てしてます

11月17日（SAT）

守りたい、長男の語彙シリーズ

11月18日（SUN）

スパルタ海洋生物講座開催中!

お気づかい

ママ
ヒヨくんが何て言ってるか当ててね
わかった!!「スキ」でしょ?
ふふふ
う
うん
そうよ
・・・・
ごめんなさい
ホンマは
「グミ」やってん…
ええっ 謝らないでー!
てか気を使わせてごめん

七五三

七五三の撮影してきました
あっくんも
自分で着物を選んで嬉しそうでした

1.

洋装も自分で選んでたのですが
黒光りのスーツ
スパンコール
チェーン
なんか意外でした
ああいう系が好きなのか…!!

2.

カメラマンから「ゴロンして」って言われて
こういう絵がとりたかったらしいけど
ゴローーン
各々のゴロンをしていました

3.

11月19日（MON）

この時の写真はスマホやiPadの待ち受け画面になってます

ポエミ〜

ママー
人にはどうしておなかがあるか知ってる?
え〜なんだろ〜
ないぞうを入れとくためやで
だいちょーとかしょーちょーとかすいぞーとか…
あ、うん
もっとポエムな答えが返ってくると思ってた

11月23日（FRI）

いつものポエムはどこいったん

お初

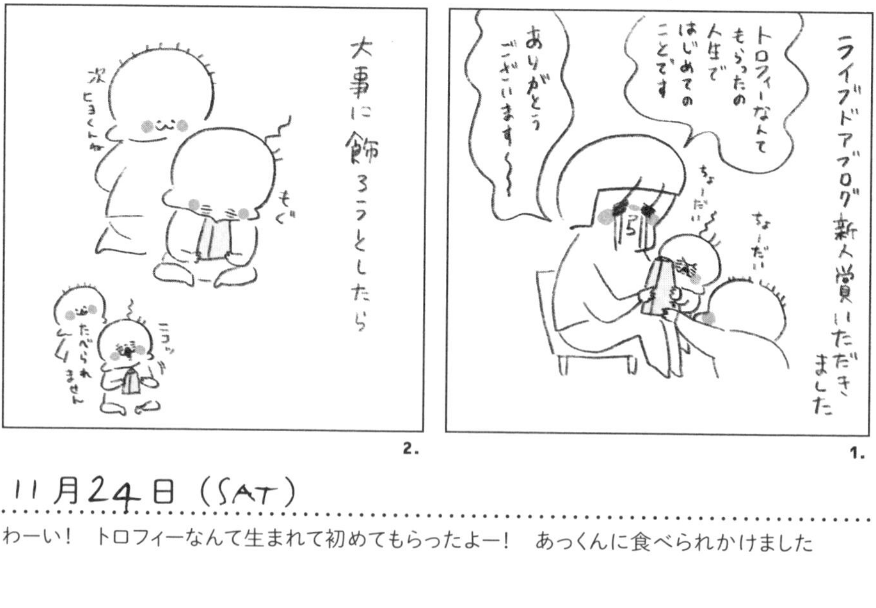
ライブドアブログ新人賞いただきました
トロフィーなんてもらったの人生ではじめてのことです
ありがとうございます〜〜
ちょーだい
ちょーだい
大事に飾ろうとしたら
次ヒヨくんな
もぐ
ニコッ
たべられません

11月24日（SAT）

わーい！　トロフィーなんて生まれて初めてもらったよー！　あっくんに食べられかけました

兄弟の風景

朝起きて ベッドからテーブルまで 歩く次女が
ハラマキ
ペッタ
ペッタ
ペンギンみたいで いつも萌えています

1.

そしてテーブルについて
今日はえらく端に座ってるなーと思ったら
ギュウ
トンちゃんがいたからでした

2.

なので今朝は
もぐ
この状態で朝ごはんたべました

3.

11月25日（SUN）

2人セットで動くと可愛さが倍増するシステムです

明日は久々に長男と2人でおでかけ
おこしてな
置いていかんとってな
ママと一緒に起きたいから
手ぇつないで寝たらいいんちゃう？

11月29日（THU）

また出た男前発言

このトレーナーきてると
Happy
ハッピーなん？
よく話しかけられる
ハッピーちゃんや
バイバイ

12月 2日（SUN）

人気者のハッピーちゃん

先週2人でおでかけしたとき
ヒヨくんこーんな小さくなって
ママのおなかに入りたい
新種の赤ちゃん返りかな？

12月 3日（MON）

2人きりをこんなに喜んでくれるなんて

へっでーで

絵本が大好きな次男
ふんどる
1冊えらんでもってきて
へっ
でーで
↑「はい どーぞ」
パカッ
もしくは
ずりずり
ストン
へっでーで

2.　1.

12月　4日（TUE）

私の喉が続く限り読んであげたくなります

省エネ

あっくん様どっちが好き？
ち
一文字で返してくれる
あっくんちゃんお兄ちゃん好き？
き

2.　1.

12月　7日（FRI）

「りょ。」（了解のこと）みたいに言う

成仏した想い

長男が生まれた時
私ははりきって
いろんな種類の
絵本を買ったのですが
長男はどれにも
むかしむかし
興味を示さず
読み聞かせても
途中で遊びだし
あぶー
あるところにおじーさんと
おばーさんが……
最後まで読んだことが
あぶぶ
ムダだったか…
今まで一度も
なかったのですが
しかし
それを取り返すように
だ
読んでくれと もってくる
次男が絵本好きに
むかしむかし
あるところに
あ
あ
楽しそうに聞く
パチ
パチ
その姿を見て
絵本も私の想いも
成仏したのでした
もとが取れた…
ケチ→
だ
(ちなみに長男は図鑑が好きです)

世の中の真理

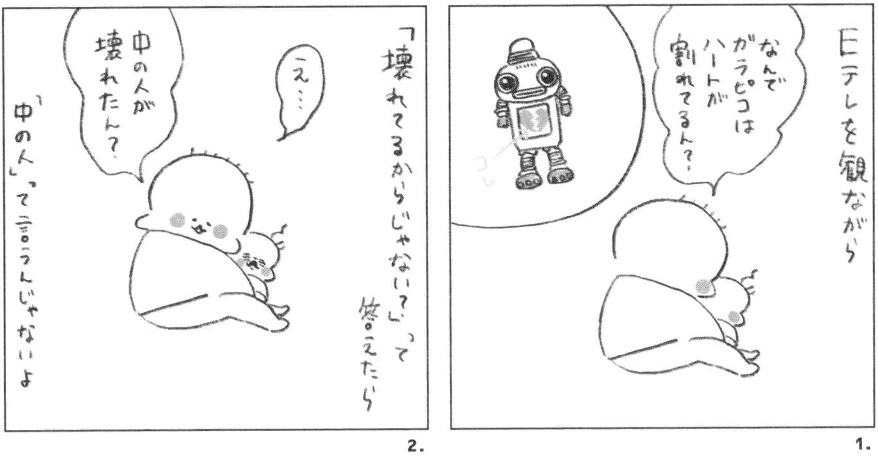
Eテレを観ながら
なんでガラピコはハートが割れてるん？
コレ
「壊れてるからじゃない？」って答えたら
え…
中の人が壊れたん？
な
「中の人」って言うんじゃないよ

12月 11日（TUE）

中に人が入ってるの気づいてたんか……

うちのイケメン

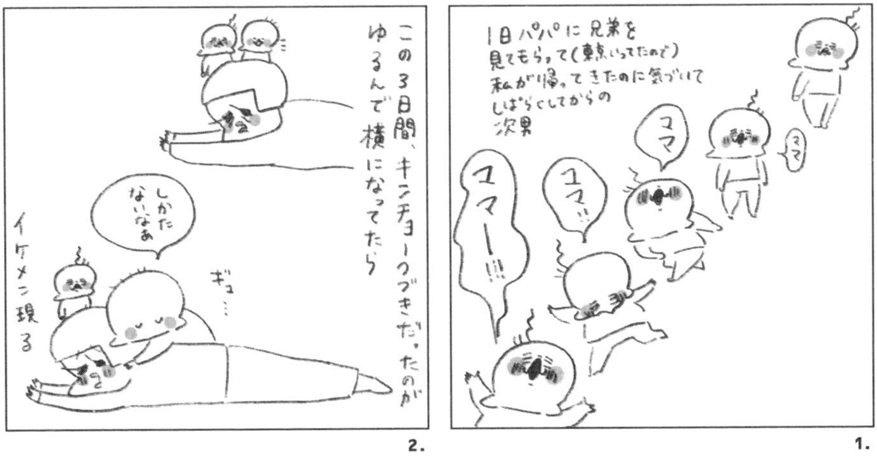
1日パパに兄弟を見てもらって（東京いってたので）私が帰ってきたのに気づいてしばらくしてからの次男
ママ
ママ
ママ!!
ママー!!!
この3日間、キンチョーつづきだったのがゆるんで横になってたら
しかたないなあ
ギュ…
イケメン現る

12月 17日（MON）

東京行ったりイベントあったりで緊張してたのが緩んでパタッと倒れてたらまた男前現る

赤ちゃんが来た

友人達が遊びにきてくれました。
どやさ
どやさ

1.

友達の赤ちゃんが可愛くて可愛くて…
3カ月の女の子
わきゃう
ペロ
ラブリーな見た目で声大きい
ずっと舌がチラ見えしてる
ぎゃう
すぐ寝返りうっちゃう★
かわいすぎるっ
ママ以外のだっこNG★

2.

赤ちゃんを見た長男のリアクション
2人とも可愛いなぁ~
あっくんも可愛いで
うごうご…
満足です

3.

友達の子を抱っこしてたらあっくんが寄ってきた
軽っ
肩をハムハムしてる
ハムハム
ギュ

4.

友達の息子が長男になついてくれて最後抱きついてくれたのに
やめてよ
ギュ…
冷たい…!!
大人たちのリアクション
かわいいっ

5.

12月19日(WED)

15年来の友人達です。相変わらず面白かった。また来て欲しいな

口癖

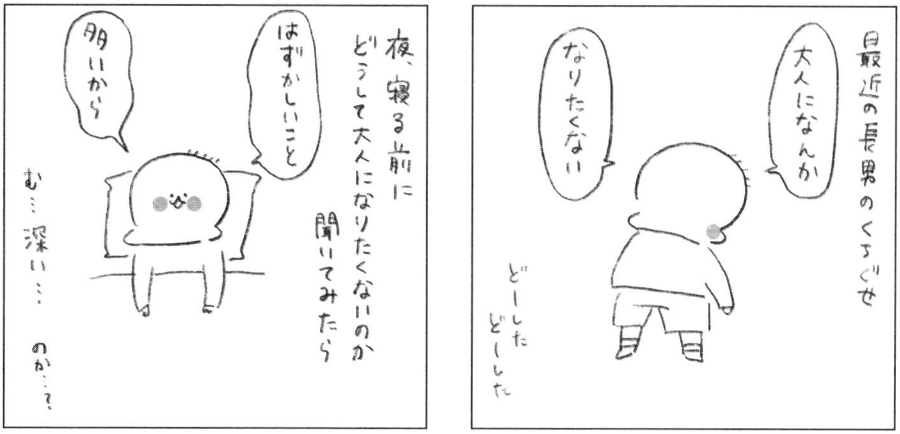

1.　2.

12月20日（THU）

盗んだバイクで走り出しそうだ

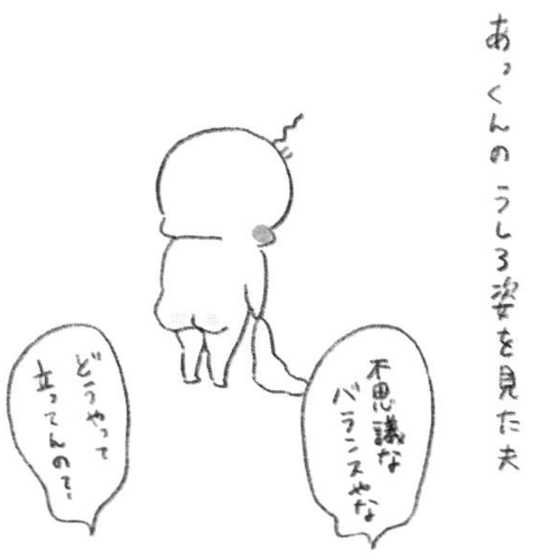

クリスマスのできごと

12月23日の夜
ママ
はよ寝んで
サンタさんけーへんで
いつもより早くベッドへ――
1.
24日の朝、誰よりも早起きのあっくんが一番にプレゼントに気づく
ちょっとまっててねお兄ちゃんおきたらあけよ
これが逆だったら絶対まててなかった
2.
そして、しばらくしてプレゼントに気づいた長男
なぜかかくれる
夢の中ではサンタさんけーへんかったから……
3.
今年はなぜか私にもプレゼントが
あったかいパジャマ!!
ありがとうサンタさん
ママ
大人なのにね――
4.
その後パパが動画を見ながらロボットを組み立ててました
ここを折りまげまーす
ガチャ
ガチャ
あっくんは即ガシャーン
ガシャ
5.
1、2回教わるとあとは自分で出来るようになるから
ガチャ
ガチャ
子どもの頭って本当にスポンジですね…
うらやましい…
6.

12月24日（MON）

プレゼントは長男がハウンドで、次男がバンブルビー。組み立て大変そうでした

先日、友人の赤ちゃんにハイローチェアをかしたところ
それまで見向きもしなかった次男が今日自分から入っていって寝てました

しばらく兄弟で奪い合ってました

次男がおかしのありかを知ってしまって
ココ
動かなくなりました
たまに手を広げる

よく見ている次男です

12月xx日（xxx）

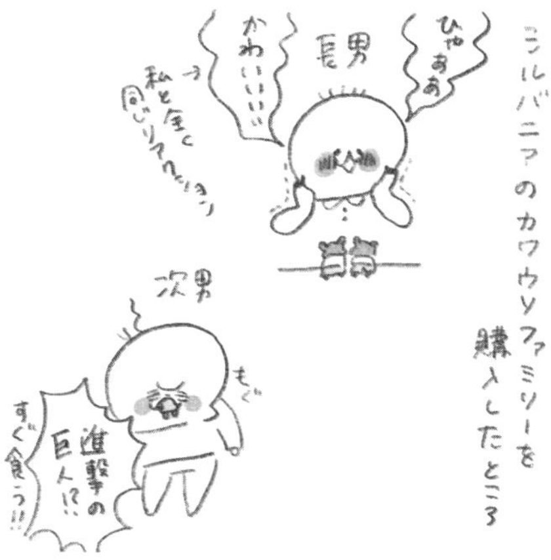
シルバニアのカワウソファミリーを購入したところ
長男
ひゃああ
かわいいい…
私と全く同じリアクション
次男
もぐ
進撃の巨人!?
すぐ食う!!

書店まわりしてる途中で衝動的に買っちゃいました…

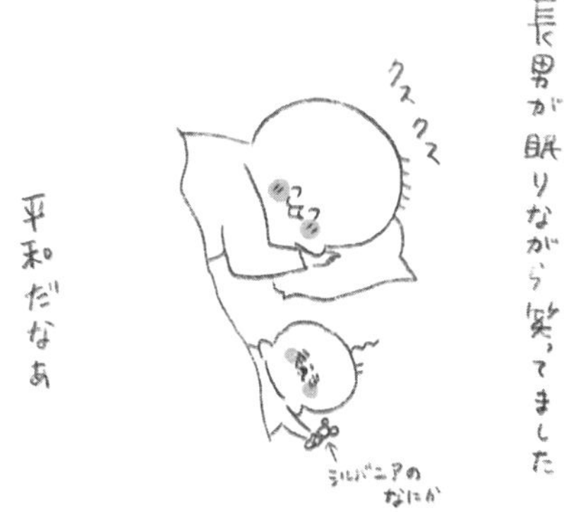
長男が眠りながら笑ってました
クスクス
平和だなあ
シルバニアのなにか

愛と平和。自由と睡眠

そして虚無になる

1.
あーははははは
楽しそうだな
何笑ってるんだろ…
2.
は――…
3.
4.
なにが
おもしろいんやろ
ーんっ……

12月28日（FRI）

冬休みに入りました。楽しそうなご兄弟です

神様が見てる

休みの日にパパがおでかけして
すぐ帰ってくるから
余計なことを…!!
1.
夜になっても帰ってこなかったので
パパ…
おしょい…
すぐかえるゆーたのに…
泣きだした長男
2.
よっしゃパパ帰ってきたら
ママがヒヨくんのかわりに怒っとくわ
※実際は怒りません
3.
ママ怒ったらあかん
大好きな人は許さなあかんねんで
えっあっはい
4.
ママどんな人もみーんな許さなあかんねんで
はい…すみませんでした
5.

12月30日（SUN）

4才に諭される36才。なんかすんませんでした

コラム

お金のこと

子どもの教育費が大変で〜
テレビ
教育費かぁ…
長男が中学生になったら次男が小学生で
…
ん？！
長男が大学受験の時
次男は高校受験！？
もし2人とも私立に行ったとしたら！？
いくらかかるの！？
出費！！
塾や習いごとだってさせたいのに…
てかこのままじゃ私たちの老後のお金も残らないんじゃ…
おなかすいたのう
モン
モン

　独身の頃は「お金より大切なものがある」とかほざいて「貯金より自分への投資」だの「頑張った自分へのご褒美」だの言って、お金をじゃぶじゃぶ使っていたものですが、子どもが出来たことによりそれは一変。

　今後使うであろう教育費等の計算をして、20代の頃の無計画なお金の使い方を反省し、「お風呂に高級な岩塩とか入れてないであの分を貯金しときゃよかったぁぁぁ！」と何度壁に頭を打ち付けたかわかりません。「おかげで肌がツヤツヤになり痩せた」とかならまだ諦めもついたんでしょうが、お肌もシルエットも年相応なのでもう本当、反省以外の道が見つかりません（※岩塩の効き目は個人差ありです）。

　しかし、今更過去のことを言ってもしょうがないので、息子たちが今後やりたいことが出てきたり、行きたい学校が見つかった時に「お金のせいで諦める」ことがないよう、とにかく今は前を向いて稼いでいくしかありません。

　とはいえ、今の私は独身の時とは正反対で、めちゃくちゃケチになった気がしています。洋服も買わないし、化粧水も薬局の安いやつ使ってるし、髪はボサボサだし（これは関係ないか）、これはこれでちょっとやばい気がするので、ちょっと岩塩買いにいこうと思います。

第2章

お母さんは成長《すくすく》に戸惑い中！

2019

1月 3日 (THU) - 3月 25日 (MON)

溢れてくるもの

うちの長男は
言葉が出てくるのが
2才手前頃
だ
少し遅めでした
ボ
ボ
ボ
このボールだれの？
同じ年の子

他の子とは比べないぞと
心に誓ってたはずなのに
マ
私が悪いのかな…
ぐす…
もう少し 絵本とか 話しかけとか 増やした方がいいのかな
はったつ
焦って
これは ボール
焦って
これは ボール ボール だよ
ほら 言ってみて
絵本
焦りまくって
ボ・オ・ル
ほら 言ってみて
しかし
ボ

まったく興味を示さない長男
だ
絵本に全然反応しない…
ダーー
どうしたらいいんだろう
そんな長男が当時
ほんの少し興味をもったのは
映画でした
じーー
おっ集中して観てる…

そこで言葉を
浴びまくった
息子は
3才手前頃には
めっちゃ喋るようになっていました
ママ
朝になったら
夜はどこへ
行くの？
雨の名前は
なにて？
太陽を手で
つかむと
まぶしくないよ
（なんならちょっと詩人ぽくなりました）

相変わらず絵本を最後まで読まない長男も
なにかしら棒をもちながら
スター・ウォーズなら最後まで観ることができたので
（私は逆に観たことない）
スター・ウォーズおもしろい？
感想をきいてみる
コクン
ダース・ベイダー？って強いの？
無知
ダース・ベイダーは強くて弱いそれはいじがあったから
ザワ…っ
なんかわからんけどちゃんとわかってるっぽい…!!

じゃ…じゃあ「ミニラ・ゴジラ」はどうだった？
ゴクリ…
もしや天才じゃ…
ゴジラが立っちして
火出して
寝た
ザワ…
感想の質にムラがあることに逆にコーフンした私は
これは？
君の名は
いろんな映画を
これは？
ハリポタ
これは？
観せまくって
感想を聞きまくっていました
これは
ハア
ハア
これはー!?
これは!?
しかし、息子が4才になると
ねぇママ

どうして千と千尋のカオナシはあんなにいろいろ欲しがってるん？
欲しがってたのにどうして最後は吐きだしてしまうん？
え…っ
逆に質問してくるようになりました
カラン…

え〜〜と…
欲しかったものが
手に入らないから
いろいろ
食べちゃった…とか？
しどろもどろ
欲しかったら
食べてもいいん？
・・・・
ね〜〜〜
・・・
よくうちの母がやっていた
必殺「ねー」返しを
自分もやる日がくるとは
夢にも思いませんでした

その後も長男は
映画を観るたび
なんでラピュタの海賊は悪いことをするのにいい人なんて、
いい人やったら悪いことしてもいいんて、
なんで優しいロボットを
めっちゃ聞いてくるやん
「ね～」返しばかりだと
アレなんで、一応
自分なりの考えとか
話したりするけど…
え～～と…
「いい人」「悪い人」って分けるより
ごにょ
ごにょ
1人の人の中にいいとこも悪いとこもあるんじゃないかな…
私の言ってることが
正解ってわけでも
ないし
へ～
なのにグングン
吸収しちゃうし
まず
子どもへの説明が
難しすぎて
頭をかかえる
日々です

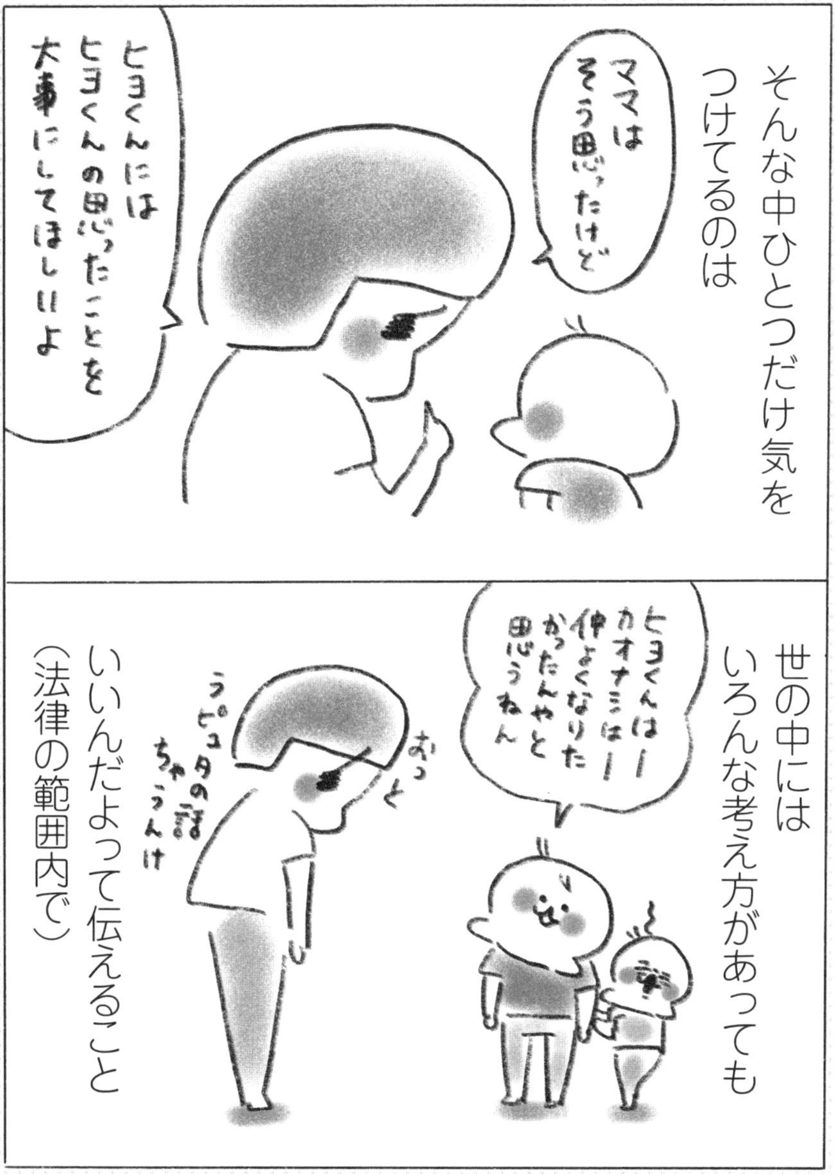
そんな中ひとつだけ気をつけてるのは
ママはそう思ったけど
ヒヨくんにはヒヨくんの思ったことを大事にしてほしいよ
世の中にはいろんな考え方があっても
ヒヨくんはーカオナシはー仲よくなりたかったんやと思うねん
おっと
ラピュタの話ちゃうんけ
いいんだよって伝えること（法律の範囲内で）

ちなみに次男は（たぶん）言葉がはやい方で
あっくん
ちからづよい
最近覚えた言葉
1才で歌ったり数字も覚えたりして
どんどっり どろどろ
どんどっり どー
アンパンマンは きみしゃ〜
いち！ にー！
しゃん
しー
ろく!!
（5が言えない）

そんな次男に映画の感想をきいてみると
アイアンマン
あっくんは
アイアンマンよりつよい!!
テッテレ〜
この兄弟のコントラストが面白くて
今日も一緒に映画を観ます

あっくんの中の強い順はゴリラ>あっくん>アイアンマン

あけましておめでとう

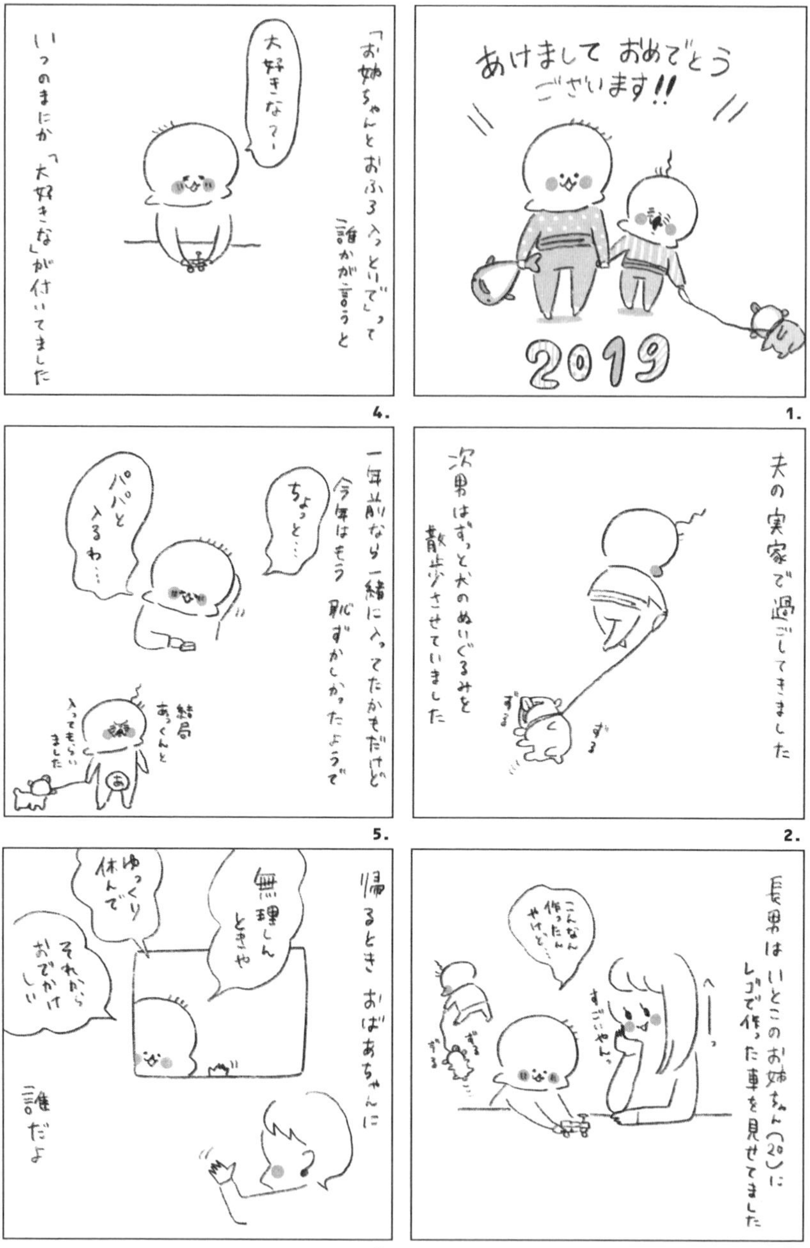
あけまして おめでとう ございます!!
2019
1.
夫の実家で過ごしてきました
次男はずっと犬のぬいぐるみを散歩させていました
ずる
ずる
2.
長男はいとこのお姉ちゃん(20)にレゴで作った車を見せてました
こんなん作ったんやけど…
へーーっ
すごいやんっ
ずる
ずる
3.
「お姉ちゃんとおふろ入っといで」って誰かが言うと
大好きなー
いつのまにか「大好きな」が付いてました
4.
一年前なら一緒に入ってたかもだけど
今年はもう恥ずかしかったようで
ちょっと…
パパと入るわ…
結局あっくんと入ってもらいました
あ
5.
帰るとき おばあちゃんに
無理しんときや
ゆっくり休んで
それからおでかけしい
誰だよ
6.

1月 3日 (THU)

新年も２人とも義実家を堪能しておりました

弟の習性

あっくん いい子にしててな
ヒヨくんとのお約束やで?
いや いや
じゃあ
ヒヨくんとのお約束守れるひと〜
サッ
弟の習性をわかってる兄

2.　1.

1月 4日（FRI）

「○○な人〜」って言われるとつい手を挙げちゃう次男

この年末年始にあっくんが覚えた言葉
かっちゃー
(ピカチュウ)
ぢゃおぢゅー
(チャオちゅ〜る)
ぱい
(オッパイ)
だ
(茶)

すぐ言う

1.

2.

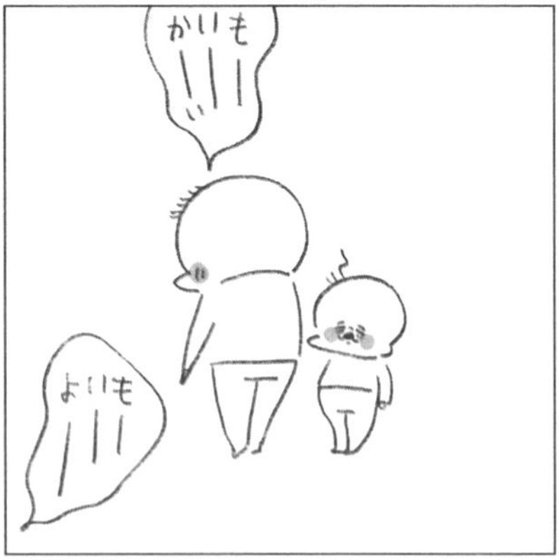

3.

4.

5.

1月 5日（SAT）

うちで大人気の瞬殺かくれんぼです

休み明けの兄弟

休み明けの兄弟
もっ もっっと
休んでたいっっ
保育園についても
もっと寝てたかったですっ
先生もやわ〜

2.　1.

1月7日（MON）

大人も休み明けは泣きたくなるものね〜

あっくんちゃんとオムツはかなおちんちんにわりばしつきさすで
仕打ちがむごすぎる

ベッドサイドストーリー

1.
眠るとき
ねぇママー……
ん？
ぐー
2.
ヒヨくん保育園いくの嫌で泣いてた時もあったねん
うん知ってる
めっちゃ知ってる
3.
ヒヨくんはママがヒヨくん嫌いになったと思ったねん
えっっ
4.
嫌いになるわけないでしょ〜
大好きだよ〜
5.
夢をな見たねん
怖い夢ばかりやねん
保育園ついてママと手が離れるとママが下に落ちていくねん
それでヒヨくん「ママー」って泣くねん
わあああああ
なんて具体的な夢…!!
6.
大好きだよぉ
大好きにきまってるよぉぉ〜
ギャアッ
知ってる

1月 9日 (WED)

嫌いになったから保育園に預けたと思ってたらしい…教えてくれてありがとう涙

2019.1

あっくんの気持ち

1月10日（Thu）

子どもがやけに静かな時は、大抵こういう事件が起きてる最中なんですよね…次男が大人しくしてるなーと部屋を覗いてみたら私のタブレットに水性ペンで落書きしてて、思わず「ダメ！」って叫んじゃったけど、長男に言わせてみたら「悪いことと知らないんやから、仕方ない」と、たしかにそうだね、私の真似してただけなんだよね、しかし、本当に、水性でよかったよぉ〜！

あっくんがタブレットに水性ペンでラクガキをしてて
ぐりぐり
どわ ダメダメ〜!!

1.

あっくん
それはダメ!!
…
納得いってない顔

2.

兄登場
あっくんは知らなかっただけなんやし
教えてあげたらいいんちゃう？

3.

そうか… いつも私がアップルペンシルで描いてるのをマネしたかっただけなのかも
あっくんにとっては何で怒ってるかわからないよね…

4.

あっくん
タブレットにはこのペンでお絵かきするのよ
わかるかなって
こくこく
わかってるんだかいないんだか

5.

描いてみる？
パア
ハラハラ

6.

それにしても
水性でよかった〜〜
「手の届かない場所」が少なくなってきてますます目が離せません

7.

あこがれ

あっくんねるで
ぎゅむ…
あっくんがなかなか寝ないとき

1.

まくらあげるから

2.

3.

fin

4.

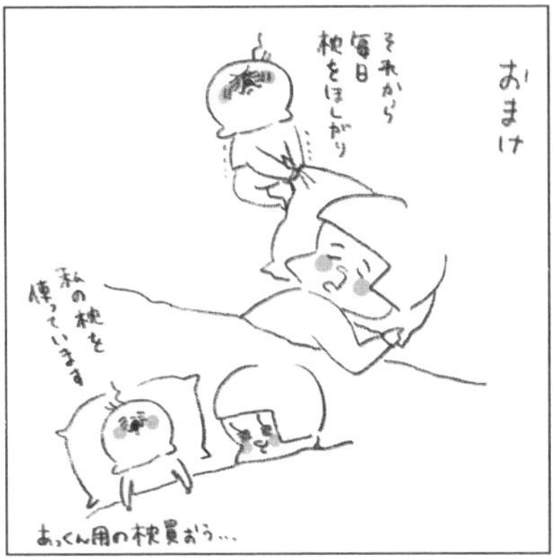
おまけ
それから毎日枕をほしがり
私の枕を使っています
あっくん用の枕買おう…

5.

1月13日(SUN)

枕に憧れはじめた次男と、それをよくわかってる長男

母の怠惰

1.
ママ
ここに クモの絵 描いて
とたのまれて
2.
他のこと してたのもあり
ほいのほいの ほ〜いっと
ススス
めっちゃ適当に 描いたら
3.
それを見ながら 一生懸命
マネして 描いていたので
4.
まって
ママ もうちょい ちゃんと 描くからっっ
図鑑を見ながら描きなおしました

1月15日（TUE）

つぎは最初からちゃんと描くよー！　反省

恥じらい

あ゜くんに「ゾンビしてー」って言うと
サッ
ゾンビしてくれます
バッ
わー
にげろー

1.

パパからも「ゾンビしてー」って言われたら
もじ…
ちょ…
ちょっとだけゾンビしてくれました

2.

1月16日（WED）

パパの前ではちょっと照れるらしい

あこがれ②

1月17日（THU）

ママの枕使っていいよって言ってもパパのを離さない頑固ちゃん

1月19日（SAT）

インフルエンザ？

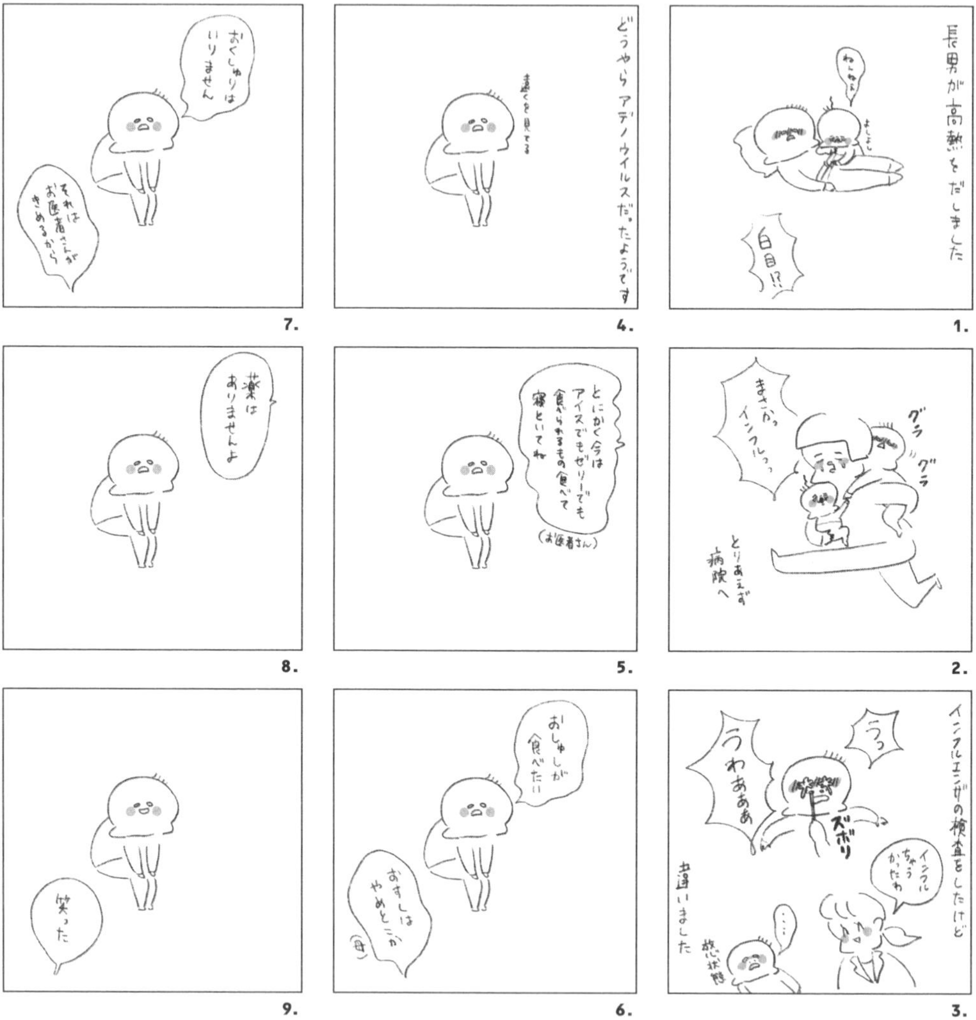
1.
長男が高熱をだしました
よしよし
白目!?
2.
まさかっインフルっっ
グラ
グラ
とりあえず病院へ
3.
インフルエンザの検査をしたけど
うっ
うわあああ
ズボリ
インフルちゃうかったわ
…
放心状態
違いました
4.
どうやらアデノウイルスだ。たようです
遠くを見てる
5.
とにかく今はアイスでもゼリーでも食べられるもの食べて寝といてね
（お医者さん）
6.
おしゅしが食べたい
おすしはやめとこか
（母）
7.
おくしゅりはいりません
それはお医者さんがきめるから
8.
薬はありませんよ
9.
笑った

顔よ…！　治す薬がないとのことでとにかく寝ていた長男でした

こうなってテレビを観てました

親子亀みたいでした

1月xx日（xxx）

あっくんが「ダメ」って
言うようになったんだけど
め！
可愛すぎて
3Dプリントしたい

「びじゅチューン！」の「委員長はヴィーナス」って歌に出てくる「ダメダメ」ってフレーズを真似してるんですよこれ。かんわいくってかんわいくって、親ヴァカでごめんなさい

次男、
お兄ちゃんのことを
ちゃーん
ちゃーーん
と呼ぶ

大五郎

1月21日（MON）

兄弟関係

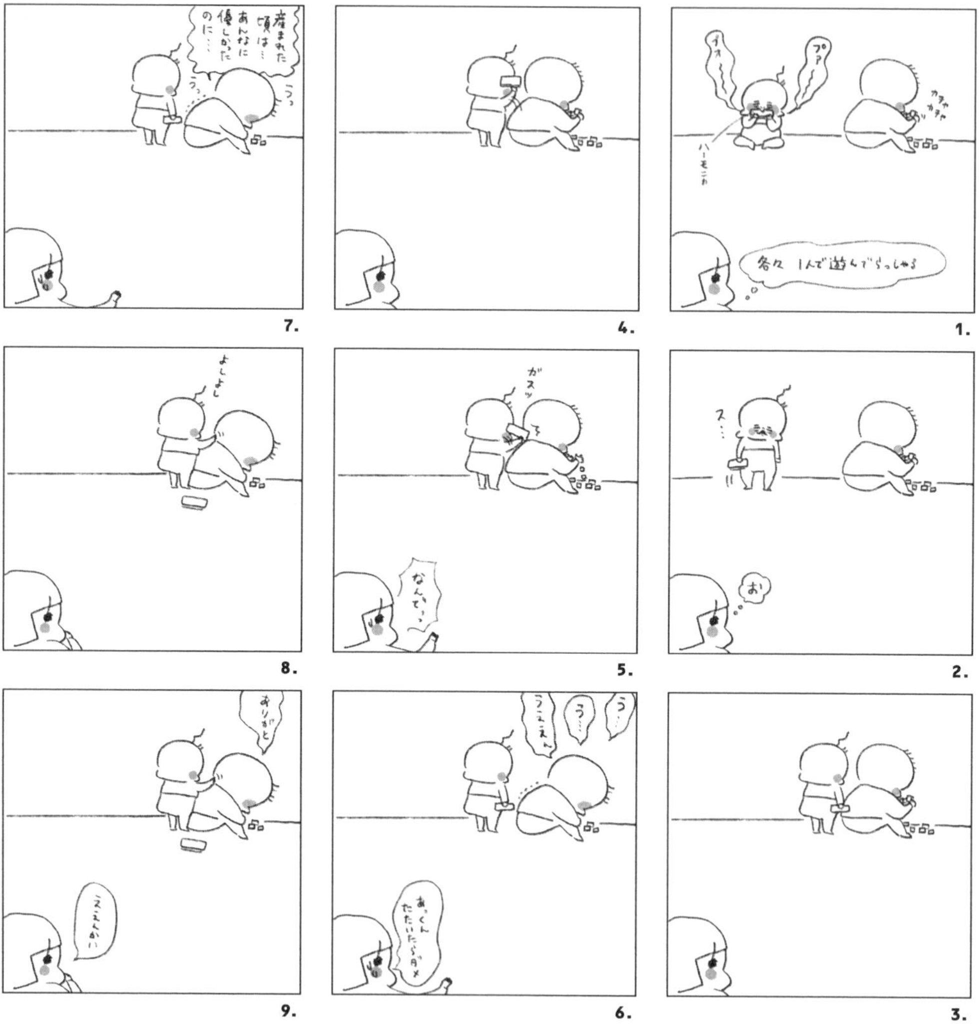

次男からの理不尽な暴力を受けても、仕返ししないで偉いね。たまに爆発するけどね

こたえ

長男に「好きなくだものは何？」と聞いてみたら
ママ…
メロンはくだものじゃないんやで
質問の答えは返ってきませんでした

1.

次男にも一応「好きなくだものは何？」と聞いてみたら
よいしょと立ちあがり

2.

ちょんっ

3.

1月25日（FRI）

「マッ…ママはくだものじゃないって〜！」って言いながらニヤニヤしてました

びじゅチューン！

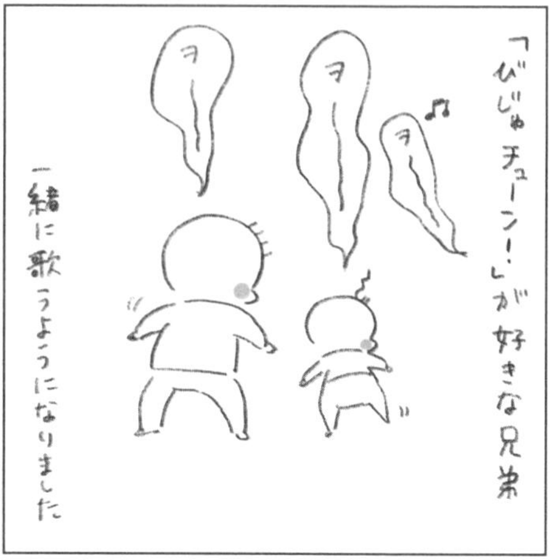
「びじゅチューン！」が好きな兄弟
ヲ
ヲ
ヲ
一緒に歌うようになりました

1.

いちゅか
ムンクの作ったラーメンたべたいな〜
叶わぬ夢

2.

次男は「びじゅチューン」という言葉と
びぢゅちゅー
オフィ〜
「オフィーリア」を覚えました（音程も）
リア

3.

1月28日（MON）

ムンクやオフィーリアを、近所のおっちゃんおばちゃんくらいにしか思ってないです

あっくん

次男が最近
ぴーぽ
と言う
プラレールの電車を動かしてほしい時
ぴーぽ
テレビをつけてほしいとき
ぴーぽ
ぴーぽ
そうじきをかけるとき
ぴー
ぽおっ
だいぶ喋れるようになってきた次男
おいちねー
ママあまいねー
おかし
ヒヨしゅきー
ママいる
うれちーねー
思ったことをそのまま伝える様子を見てると
トンたん
かーいーねー
私ももうちょっと素直に生きていこ…
といろいろ反省するのでした

たぶん ビーポ＝スイッチかなぁ と思っております

大人は自分で複雑にしがち

ベッドサイドストーリー②

夜中
ねえ ママ
んー？
よしよし してあげる
ありがとう
ぜーんぶ ママの おかげやで
ヒヨくんも あっくんも ぜんぶ ママの おかげ
（全部って何のことか わかんないけど） ママうれしいっ
ママも ぜーんぶ ヒヨくんと あっくんの おかげ やで〜 （全部って 何のことか わからん けど〜）
ヴアァ

1月29日（TUE）

お約束のあっくん起きるパターン

されるがまま

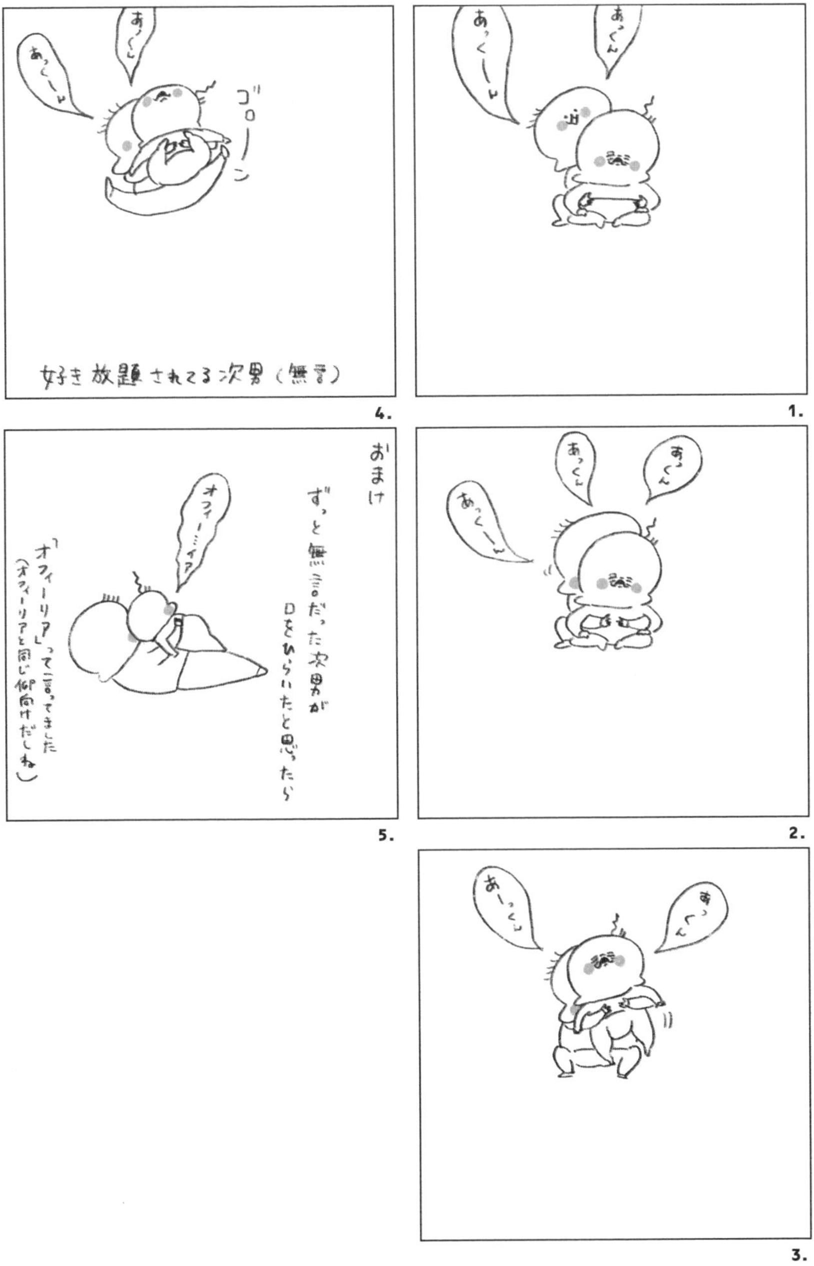
1.
あっくーん
あっくん
2.
あっくん
あっくん
あっくーん
3.
あーっくん
あっくん
4.
あっくん
あっくーん
ゴローン
好き放題されてる次男（無言）
5.
おまけ
ずっと無言だった次男が口をひらいたと思ったら
オフィー…ィア
「オフィーリア」って言ってました
（オフィーリアと同じ仰向けだしね）

1月31日（THU）

こうして次男は強くなっていく

初めての恐怖心

1.
保育園にて
はじめて鬼を見た次男
年長さん
2.
3.
両手の指を4本ずつくわえて
ふるえていたそうです
スヒュ—
スヒュ——
4.
帰り道で見かけた時も
しずかに
泣いてました

2月 2日（SAT）

いつもドッシリしてる次男がこの時は小さくなってました

2019.2

ベッドサイドストーリー③

1.
次男を寝かしつけていると
突然長男が
ママのバーカ
2.
「バカ」って言われると…
悲しくなるな…
3.
4.
ごっ
ごめんっっなさい…
おっともだちが言ってたからっ
マネしたかってんっ…
5.
そか そか
ママもう大丈夫だから
6.
数分後
ママ
さっきな「ママあそぼー」って言おうとしてまちがえちゃったねん
ぐー
ムリのあるいいわけしてました

2月 4日 (MON)

言葉を覚えると使いたくなる気持ちはわかるよ

赤ちゃんという存在

1.
夫の姪の赤ちゃん(生後23日)に会いました
ひや〜ちっちゃ〜
あっ目があいたっっ
2.
ひぃ〜グラグラっ
どうやって抱っこしてたっけ!?
3.
あとはとりあえず新生児の匂いをかがせてもらったり
くんくん
くんくん
(優しいにおいッ)
息子たちとの大きさを比較させてもらいました
4.
ちなみに私、赤ちゃんの「ホーー」ってした顔が
大好きです

2月 5日(TUE)

夫の姉は、30代で「おばあちゃん」になりました

続・恐怖心

次男がテレビを観てるとき
怖いシーンが出てきたりすると
くわ
くわ
あっくんが
怖いって
言ってんで
チャンネルかえや
「こわい」と言うように
なりました

1.

私が別の部屋にいると
くわ
くわ
スキンケア中
くわぁ
アピールしにくる（手は胸にそえて）

2.

くわー
かわいい

3.

2月 6日（WED）

かならず胸に手を当ててるのがめっちゃ可愛い

おめかし

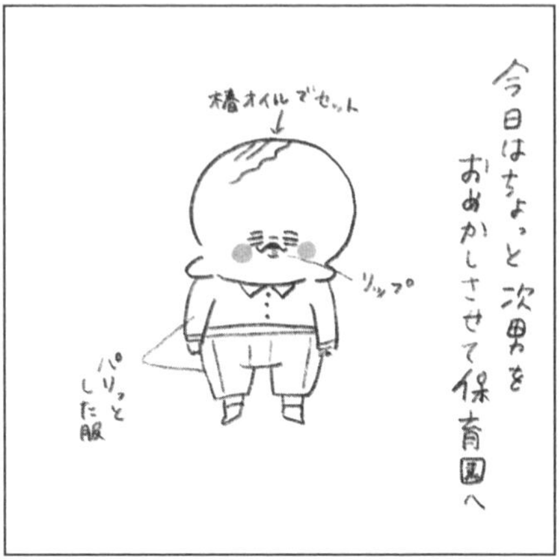
今日はちょっと次男をおめかしさせて保育園へ
椿オイルでセット
リップ
パリっとした服

1.

大ウケでした
ハブラシ
車運転できそやな
他のママさん
あれハマキちゃう?
キマってるなあ!! ははは
先生たちの反応
あははは めちゃかっこいいやん!!

2.

2月 7日 (THU)

ぴっちり横分けで社長感を出してみました

あこがれ③

1.
トイレに憧れはじめた次男
あり！
いー
2.
とりあえず座らせてみたら
3.
次はこうやろ？
こうやろ？
ザッ
カコ
カシャ
4.
んで
こうやろ？、
ちぎるんやろ？、
ブチッ
そんで
このなかに
これを
入れるんやろて。
ギュッ
ギュッ
5.
わかってんねん
すごいやろ
6.
いつも兄のトイレを見ていたのが役に立ったようです
あっくん見んといて!!

2月12日（TUE）

初トイレ（座っただけ）は、大成功に終わりました。ヒヨくんありがとう

バレンタイン

1.
ママ知ってる？
今日はバレンタインっていって好きな人にチョコあげていい日なんやって
2.
ママは愛するパパにあげます
そうなん？
じゃあパパもママにくれるな～
3.
パパはくれまへんえ
4.
スマホかしてみ
パパにチョコかってきてって言ってあげるわ

2月14日（THU）

パパはホワイトデーにくれるから大丈夫やで

2月18日（MON）

シャキーン！　参観日

1.
長男の参観日でした
どこ見てんの…。
2.
ちら
あ、こっち見た…。
3.
もじっ
4.
5.
（先生）
じゃあ立ってあいさつしようか
6.
シャキっとかっこよく立とうね
もじもじ
7.
8.
シャキーン
9.
その後の親だけの懇談会では
あんなに嫌がってた保育園も今は楽しそうで…
クラスの子達が優しくて…こ、声を…かけてくれて…
いい子ばかりで感謝しかっ…ないです……
うっ
急に泣きだして他の親御さんを引かせました

あんなに泣き虫だった長男が、私から少し離れた場所で堂々と立っていて、そりゃもう涙とまりませんて

授業参観

長男の授業参観
うちの子ボーっとしてるし先生の話とか全然聞いてないんじゃ…
しかし行ってみると
ビシッ
あいさつするよー
(先生)
おおっ
意外とちゃんとしている…
のは始めだけでその後、案の定
5分後…
ボー
ああ…やっぱり…
口をとじろ口を…
と思ったら周りも似た感じでした
ポー
あっ、なんか、良かった…
ホッ

しかし中には
今日は何日かな?
はいっ
スッ
せんせー
しっかりした子もいるもので…
○月×日だと思います!!
おお〜
私よりしっかりしてる…
息子はその子に
ほらヒヨくん
リュック
よじれてるよ
ねえ
ポー
めっちゃお世話されていて
まるで自分の小さい頃を見ているようでした…
ねぇ
くつしたぬげてるよっ
ねえ
ポー
しっかりした子
あの頃のお友達ごめんね…

次男の授業参観
おゆうぎ中は ずっと のぞき穴から 次男達のことを 見ていましたが
（先生）
みんな自分のイスに座ってね〜
ガタ
ガタ
お母さん達も中へどうぞ
中へ入ると みんなまだ小さいのに 先生に言われた通り きちんと座ってて
わぁ エライなあ…
。。
教育ってすごい…
しかし私がいると
気づいた瞬間
あ゛あ゛〜
急に甘えだし
もう座らないぞアピールをして
ん
ん
ガタ
机にイスを押しつけてる
ああ〜
保育園でがんばってるのがよく伝わってきました

そして守りたい、長男の語彙力

いらっしゃいませー!!
おなやさんごっこ

1.

何を売ってるんですか?

2.

「冬にたべるチョコ」と
「いいにおいのするお花」でーす
えーなんかステキやん

3.

2月22日（FRI）

「冬にたべるチョコ」が本当に売ってたら、私は欲しいなぁ

2019.2

自意識の芽生え？

1.
このまえテレビを観ていたら
何も考えてない顔
あ、あの
えっ
2.
ハッ
あの…
…
3.
オロオロ
?
わ…
わたし…
4.
ウロ
ウロ
…
…
5.
わああ
好きです
告白シーンにたえられなかったようです

2月24日（SUN）

なんのアニメか忘れたけど、そういう空気が分かることにびっくり

2月26日（TUE）

知らなかった一面

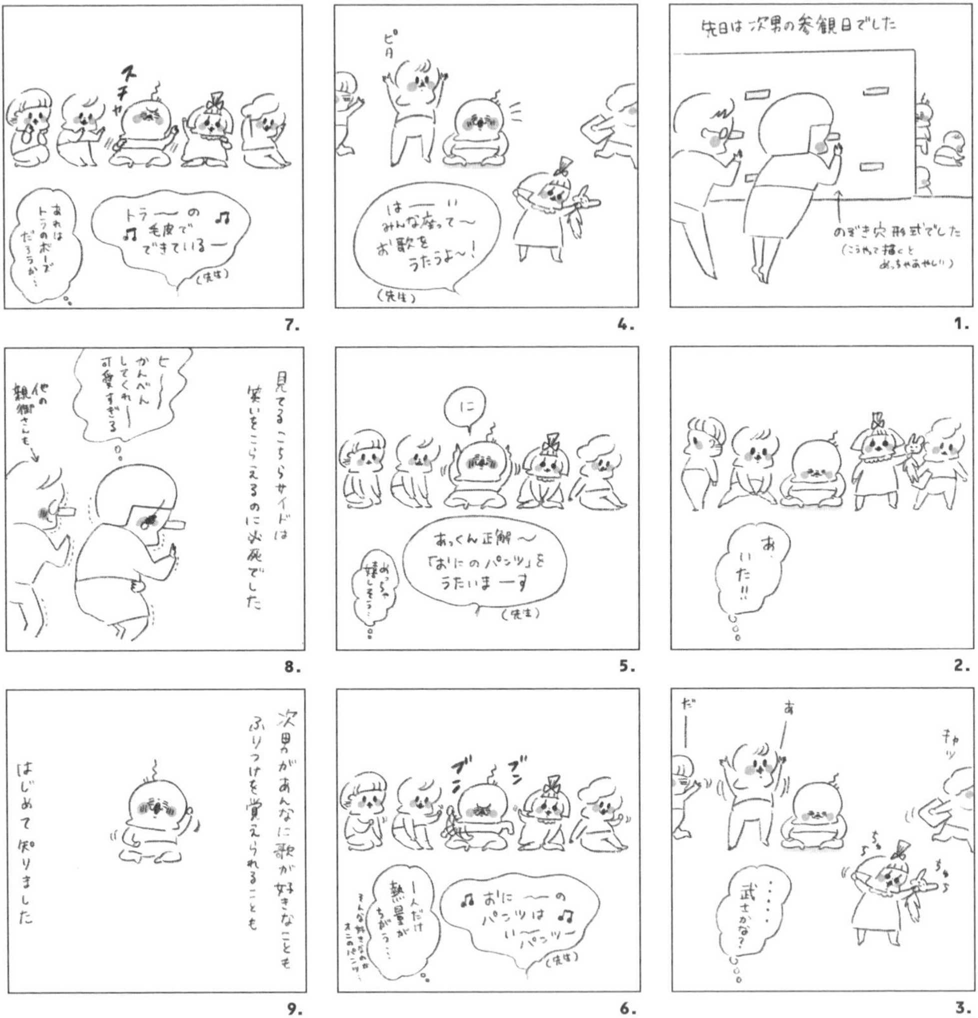
1.
先日は次男の参観日でした
のぞき穴形式でした
（こうやって描くとめっちゃあやしい）
2.
あ、いた!!
3.
だー
あー
キャッ
ちゃちゃ
ちゃちゃ
……武士かな？
4.
ピタ
はーい みんな座って〜 お歌をうたうよ〜！
（先生）
5.
に
あっくん正解〜 「おにのパンツ」をうたいまーす
（先生）
めっちゃ嬉しそう…
6.
ブン
ブン
♫おに〜の パンツは♫ い〜パンツー
（先生）
1人だけ熱量がちがう…
7.
スチャ
トラ〜の♫ ♫毛皮で できているー
（先生）
あれはトラのポーズだろうか…
8.
見てるこちらサイドは笑いをこらえるのに必死でした
ヒー かんべんしてくれー 可愛すぎる
他の親御さんも
9.
次男があんなに歌が好きなことも
ふりつけを覚えられることも
はじめて知りました

親御さんたちは皆、自分の子どもを見ては、笑い声が出そうになるのをこらえていて「絶対に笑ってはいけない参観日」状態でした

みんな

みーんな大しゅき、
2年前まで息子の言う「みんな」は
パパとママがしゅき
私と夫のことでした
それから次男が産まれて
ヒヨくんはみーんな
パパとママとあっくんがしゅき
大しゅきやねん
「みんな」の数も3人に
しかし先日
ヒヨくんみんな好きやねん
ふふ
ありが…
かずくんとサラちゃんとのんくんとせーちゃんとまーくんとみっちゃん
みーんな
好き
はじめてパパとママが出てこなかった

こうやって少しずつ親から離れていくんだなあ
こういうのってもうちょっとさみしいものかと思ってたけど
嬉しいの方が勝ってる
ふふ
いや
やっぱさみしい

一瞬 強がって ごめんなさい

保育園楽しい

私も夫も
仕事が忙しかった時
いつもは休みの土曜日にも
保育園にあずけてみました
先生
いらっしゃい
あずける前は
休めなくってイジけそうだなぁ
ちょっと不安でしたが
次男は好きな先生と友達を見つけ
○○せんせえとおともだち
ビシィ
大変喜んだらしく
長男は
今日は
遊んでばかりでたのしかったわー
いつもは別のクラスの長男と次男も
ベッタリ
この日はずっと同じ部屋で遊んでたらしく
お昼寝の時別々の部屋につれていったら2人とも落ちこんでました
好きなんですね
あしたも保育園がいいな〜
こんなセリフを聞ける日が来ようとは

マジビックリです

あっくんのお言葉

横文字を嫌う男　あっくん

アンパンマンはそんなこと言わない

2019.3

福岡にて①

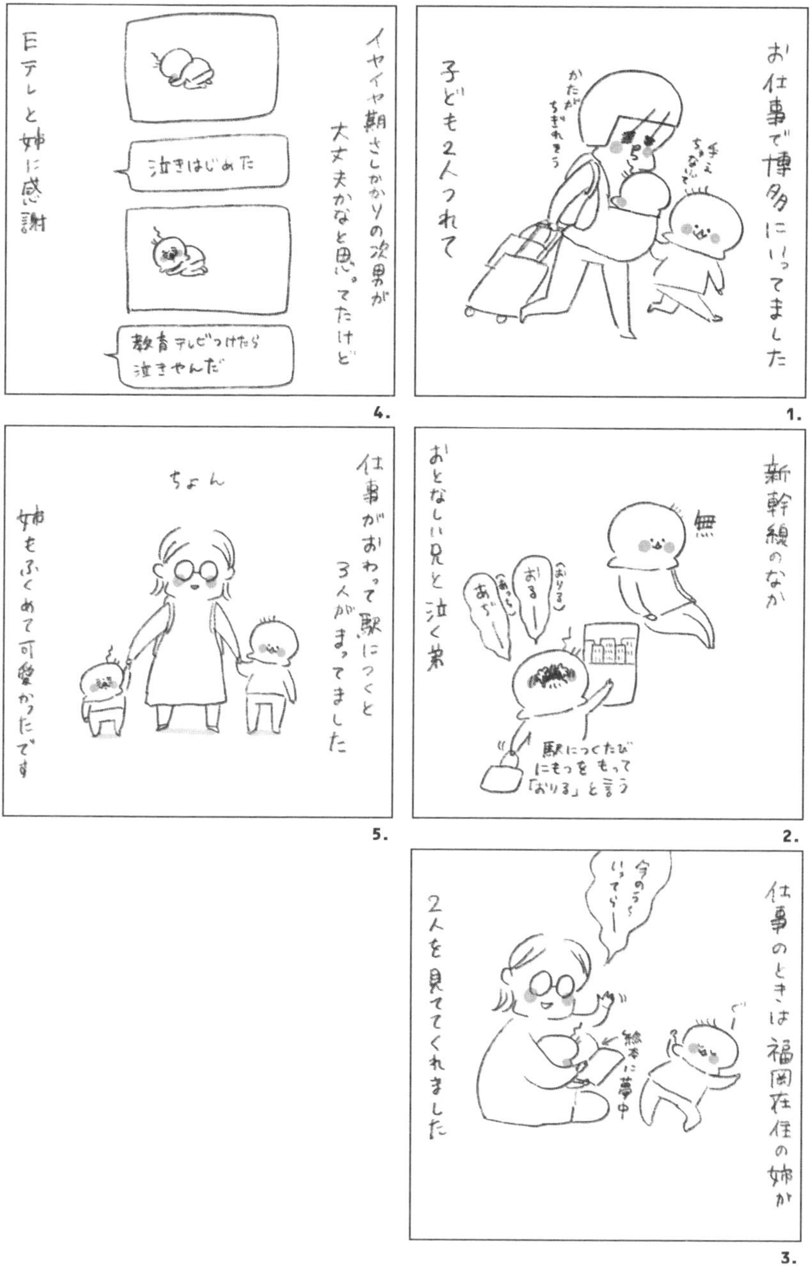
1.
お仕事で博多にいってました
子ども2人つれて
かたが ちぎれそう
2.
新幹線のなか
無
おるー
(おりる)
あぢー
(あっち)
駅につくたび にもつを もって 「おりる」と言う
おとなしい兄と泣く弟
3.
仕事のときは福岡在住の姉が
今のうち いってらー
絵本に夢中
2人を見ててくれました
4.
イヤイヤ期さしかかりの次男が
大丈夫かなと思ってたけど
泣きはじめた
教育テレビつけたら 泣きやんだ
Eテレと姉に感謝
5.
仕事がおわって駅につくと
3人がまってました
ちょん
姉もふくめて可愛かったです

3月8日(FRI)

どこかに行くのは好きだけど、移動が大変なのがなぁ…体力が欲しい

福岡と姉と子どもたち

お仕事で
福岡へ行くことに
わーい
泊まりがけなので
息子達も連れていくことに——
子連れで仕事して上手くいったためしがないので不安なまま
いざ福岡へ
荷づくり中
ドキ
ドキ
まだ新大阪の時点で
ちぎれそうに痛い肩
私のにもつ（パソコン入り）
16kg
子ども達のにもつ（3日分）
手をつなぎたがる長男
次は広島〜
広島です
わあああん
おりるー
おるーー
駅に着くたび泣く次男
広島
うわあああん
ヘロヘロの状態で
福岡に着くと
姉が迎えに
きてくれてて
福岡在住
ヘロー
なんだかちょっとホッとしました
もーめっちゃ大変だったー
あはは
ウケる

お仕事相手には
もしかしたら子どもを連れていくかもしれません
と伝えていたけれど
私が見とくから
1人で行ってきな
えーでもあっくん最近私がいないとめっちゃ泣くんだよね…
泣いたら泣いたでどうにかするから
イスまわし
クルクル
そして次の日の朝
ぐー
ねてる間に…
仕事へむかうと
ピコン
あっくん泣きはじめた
あーやっぱり…
ピコン
教育テレビつけたら泣きやんだ
ホッ
ありがたや…
離れた場所で見る子どもの笑顔はパワーをもらえますね

そして仕事もおわり
福岡はいい人ばかり…
ありがとうございました
姉の家へむかうと
駅に3人がいて
嬉しくなりました。
よく2人が素直についてきたね
いつもおでかけするときめっちゃ大変だよ〜
カメ見に行こうって言ったら喜んできたよ
カメ
どういう連れ出し方…
着がえも大変じゃなかった？
えー別に…
あーでも
どれが誰の服かわからなかったから適当に着せようとしたら
あっくんには
ねおき
これ着せたり
ヒヨくんが全部コーディネートしてくれたわ
姉も息子達も全然平気でした

行く前は
心配ばかりしてたけど
仕事になるんかな
たくましい姉のおかげで
全てスムーズに上手くいきました
その姉も
いつもは私
昼寝もしないし夜も寝つき悪い方なのにさー
今日
めっちゃ眠かった

あんたいつもこんな感じなんだね
大変やな
労いも忘れない100点すぎる姉
そして無事
よぼ
よぼ
大阪へ帰り
日常が
ボー
戻ってくると
いつか、仕事で海外とか
ヘラッ
行ってみたいな〜

すぐに大変さを忘れる人間

2019.3

福岡にて②

福岡にいってたとき
私の両親も鹿児島からかけつけました(車で片道5時間)
どれ おいで
1年ぶりの再会…
あっくん…
じーじ
きゃい
(キライ)
じーじ
きゃーい
あっくん2語文が話せるようになりました(タイミングよ)
はいこれ エビフライ たべて
あげたてよ (5時間前に)
じゃバイバイ
ゴミ
なぜゴミ袋に
きゃい
30分ほど滞在してまた5時間かけて帰っていきました…

3月 9日 (SAT)

往復10時間分の愛の重さよ

なぐさめ

タダでは　すまされなさそうです

言ってはいけない

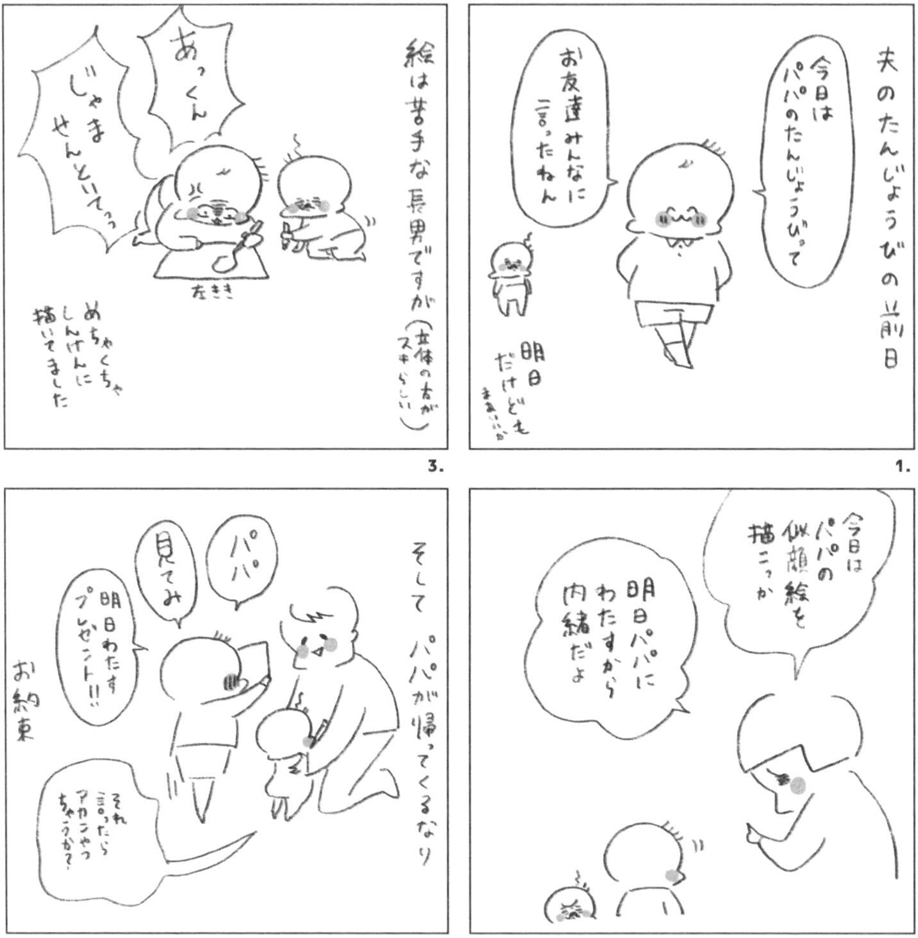
1.
夫のたんじょうびの前日
今日はパパのたんじょうびって
お友達みんなに言ったねん
明日だけども
まぁいいか
2.
今日はパパの似顔絵を描こっか
明日パパにわたすから内緒だよ
3.
絵は苦手な長男ですが（立体の方がスキらしい）
あっくん
じゃませんといてっっ
左きき
めちゃくちゃしんけんに描いてました
4.
そして パパが帰ってくるなり
パパ
見てみ
明日わたすプレゼント!!
お約束
それ言ったらアカンやつちゃうんか？

3月13日（WED）

「写真撮っていいで」って言ってたので描いた本人も気に入ってるようです

はじめての…

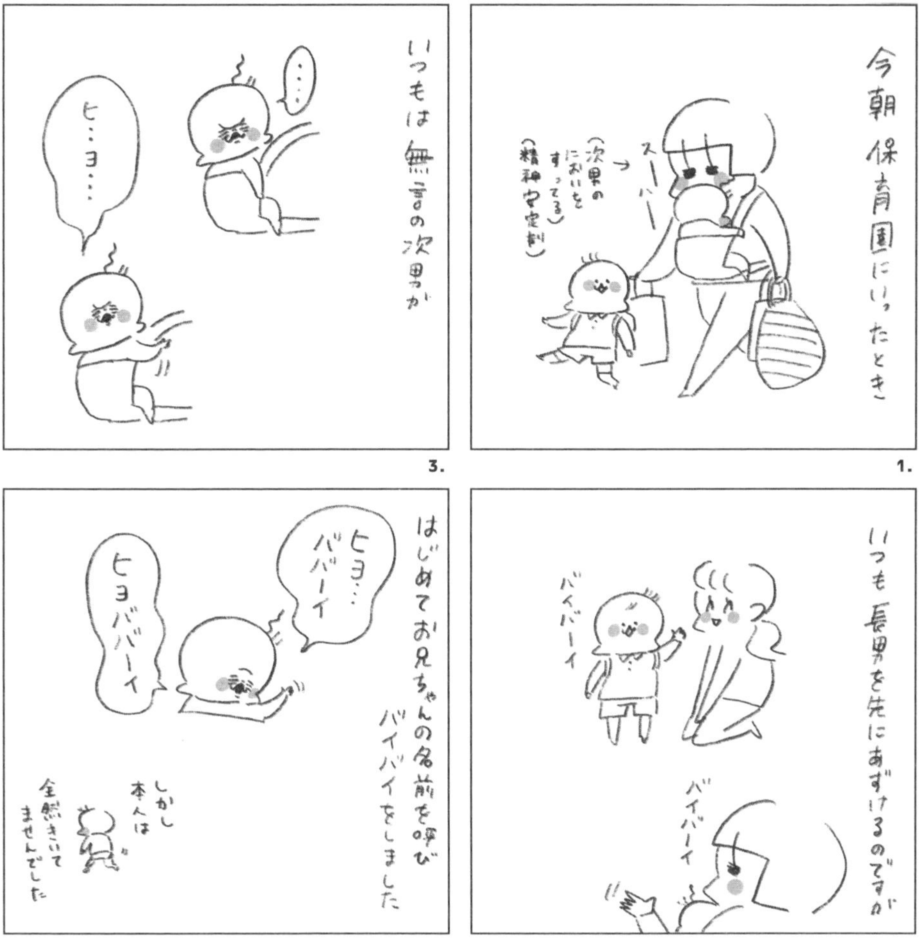
1.
今朝保育園にいったとき
スーハー
→（次男のにおいをすってる）
（精神安定剤）
2.
いつも長男を先にあずけるのですが
バイバーイ
バイバーイ
3.
いつもは無言の次男が
・・・
ヒ・・ヨ・・・
4.
はじめてお兄ちゃんの名前を呼びバイバイをしました
ヒヨ…バーイ
ヒヨバババーイ
しかし本人は全然きいてませんでした

3月18日（MON）

急にバイバイすることを覚えました

ご兄弟

長男が今より小さかった時
抱っこのことを
だいちゅ
ちて
と言っていました
そのことをすっかり忘れていたのですが
最近次男が
だいちゅ
ちて
と言うようになってビックリしています

どうして「だいちゅ」になるんだろ…

私が長男を叱ると
次男がごきげんを
ママあパア♡
とりにくるし
次男を
注意してると
長男がフォロー(?)
ママ優しく叱るんやで
しにきます

なんか怒りにくくなります

感謝感激

3月20日(WED)

この1年、息子たちが保育園に入ったことで、それまで知らなかった保育士さんのすごさ、保育園の偉大さを知ることが出来ました。人見知りで偏食の激しかった長男がこの1年で、大きな声で挨拶したり、野菜を食べられるようになり、赤ちゃんだった次男は絵本や歌に興味を持つようになりました。この公園の一件でもわかるように、見守りながらも自立させてくれてるのでしょうね。感謝です。

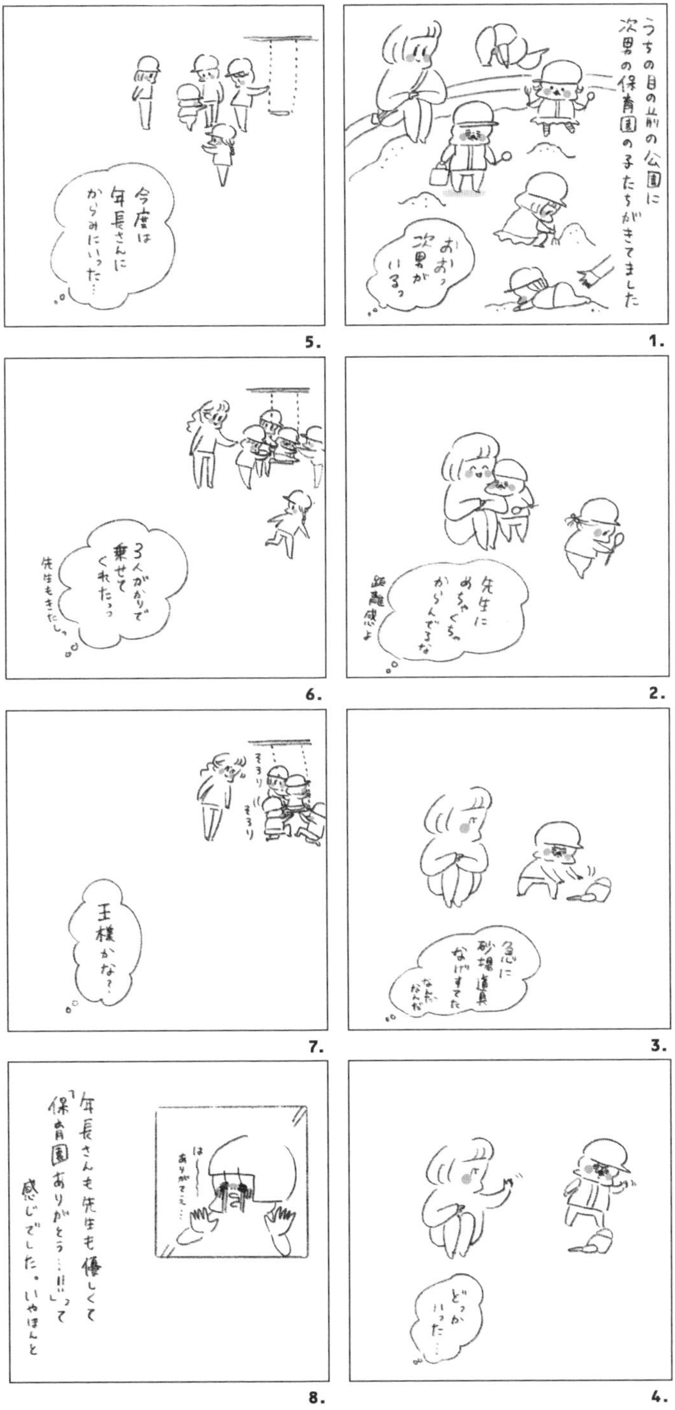
1.
うちの目の前の公園に次男の保育園の子たちがきてました
おおっ次男がいるっ
2.
先生にめちゃくちゃからんでるな
距離感よ
3.
急に砂場道具なげすてた
なんだなんだ
4.
どっかいった…
5.
今度は年長さんにからみにいった…
6.
3人がかりで乗せてくれたっっ
先生もきたしっ
7.
そろり
そろり
王様かな？…
8.
はーーー ありがてえ…
「年長さんも先生も優しくて保育園ありがとう…!!」って感じでした。いやほんと

あっくんの成長

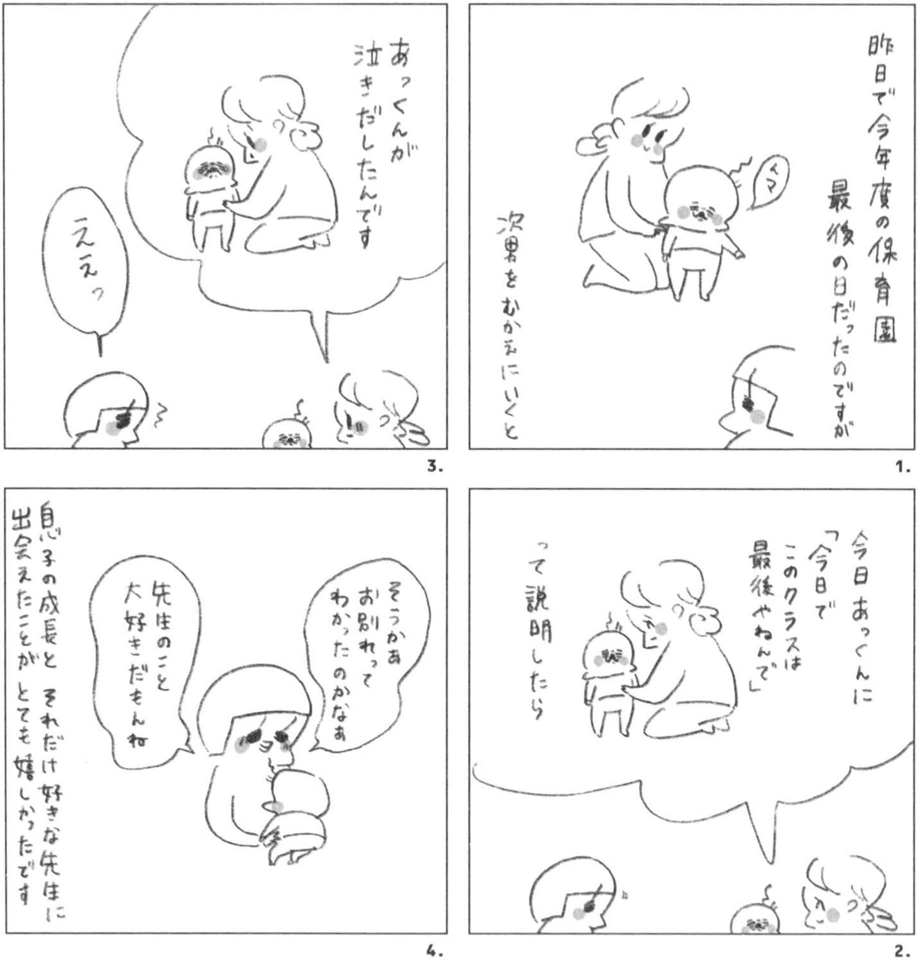
昨日で今年度の保育園 最後の日だったのですが
ママ
次男をむかえにいくと
1.
今日あっくんに
「今日で このクラスは 最後やねんで」
って説明したら
2.
あっくんが泣きだしたんです
えぇっ
3.
そうかぁ お別れって わかったのかなぁ
先生のこと 大好きだもんね
息子の成長と それだけ好きな先生に 出会えたことが とても嬉しかったです
4.

3月21日（THU）

私も好きな先生だったのですごく寂しかったです

鹿児島へ

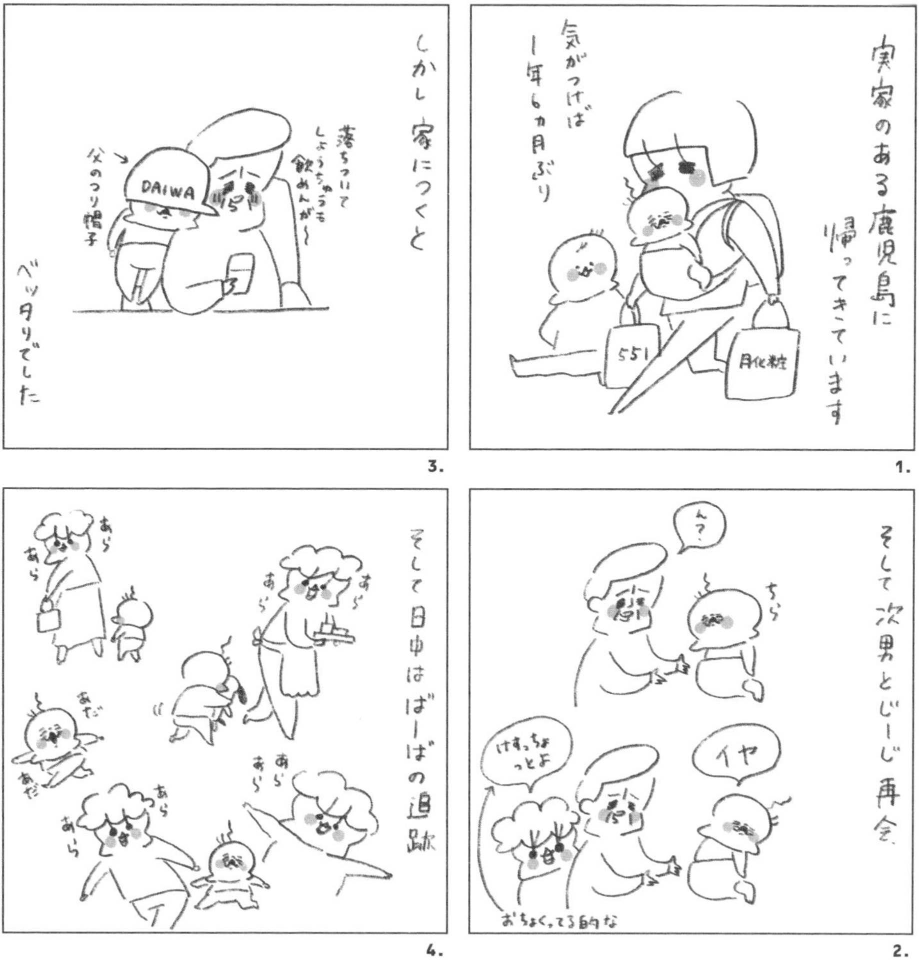
1.
実家のある鹿児島に帰ってきています
気がつけば1年6ヵ月ぶり
551
月化粧
2.
そして次男とじーじ再会
ん？
ちら
けすっちょっとよ
イヤ
おちょくってる的な
3.
しかし家につくと
落ちついてしょうちゅうも飲めんが〜
父のつり帽子
DAIWA
ベッタリでした
4.
そして日中はばーばの追跡
あらあら
あらあら
あだあだ
あらあら
あらあら

3月23日（SAT）

春休みを利用して１年６ヵ月ぶりの実家への帰省です！

鹿児島にて

1.
鹿児島に来た日の長男
村人は?
どこにおる?
2.
そのへん歩いてない?
3.
洋服は?
着てる?
鹿児島を何だと思ってるの
4.
アメリカにもチョウチンアンコウはおる?
何急に
鹿児島の話わいや

3月24日(SUN)

鹿児島の人間は洋服着てないと思ったのかな?

おじいちゃんスイッチ

3月25日（MON）

操縦士とロボットじいさん

翔んで鹿児島

子ども達が春休みなので
鹿児島に帰ってきました
なかなか時間がとれなくて
1年半ぶりの帰省です
さむかったじゃろ
久しぶりにもかかわらずかます次男
じーじキャイ
ガチョーン
しかし実家につくとじーじのそばを離れない次男
あんたにゃ負けるわ
ペッタリ

じじころがしです。

そして長男の成長に
ゆったり・・・
1年半前はずーっと走りまわってたのに!!
じーーー
ばーばはビックリ
あんなにジっとしてるなんて
そうです前に来た時は
ハッハッ
ハッ
まだ2才と0才・・・
おぎゃー
そりゃビックリしますわな
キャイ
気にせんとき あっくんは誰にでもキライって言うねん
キャーフォローしてる~!!!

子どもの頃の1年半はすごい

ばあばが洗濯物をたたんでると
ス…
まだたたんでないタオルに
ありがとう
あっお手伝い?!ありがとうっっ
(ばあば)

「ありがとう」を催促してくる

じいじの晩酌中
ビクッ
これは酒だからさわったらダメよ
ごのんねはて
なんでオレが……
(じいじ)

驚かされて怒ってました

私の兄とめいっこが
実家に遊びにきました
兄は昔から声が小さすぎて
何を言ってるか私にはわかりませんが
めいっこだけは
うん わかった
ちゃんとわかるようです
ちなみに兄は結婚式で
普通に声を出していて
本日はみなさま
ビックリした思い出があります
大きい声出せるんだ。

職場ではハキハキ喋るらしい

ちなみに兄と夫は
ホワ〜
雰囲気が似ているので
パパ好きの長男は
兄にすぐなつきました
もしかして
夫をはじめて見た時に
はじめまして
抱いた親近感は
兄のおかげ
だったのかもしれません

ほんわかDNA

鹿児島に帰ると
必ず行く「タツノオトシゴハウス」
タツノオトシゴがたくさんいるので
大きい水槽↓
息子達大コーフン
3回目でもコーフン
あっくんは感動して
ピヤ
ピヤ
タツノオトシゴのマネをして
あの骨は赤ちゃんって
長男は知らない人とオトシゴトークしていました
タツノオトシゴの標本
なんだか盛りあがってたので
あっあっ
そうなの
それであれはな
標本は別室
しばらく放置してたら
おばちゃんだけ先に部屋から出てきて
楽しみなおぼっちゃんですね
何を話してたんだ・・・
帰る時
ヒヨくんこれほしいっ
あっくんも
これほちい。
標本
なんかカリカリになったタツノオトシゴ

息子達を魅了するタツノオトシゴ・・・

コラム　お料理のこと

夫の好きなところを1つ挙げるとしたら、それは「料理は女のするものだ」とか言ってこないところです。

実際、夫の方が料理は上手いし、盛り付けも綺麗だったりします。だけどいかんせん会社員の夫は平日帰りが遅いので、結局私が作る羽目になるわけです。しんどいしんどい言いながら毎日ご飯を作り、なんでこんなに料理が嫌いなんだろう、いつから嫌いなんだろう、と思い返すと、長男を妊娠中は、朝ドラの「ごちそうさん」の影響もあって、割と楽しくいろんなレシピに挑戦もしていたことを思い出しました。

じゃあ何故嫌いになったか…。

それは「手間暇かけて作っても、子どもが食べてくれないことが多い」からだなと気づきました。

いや、子どものせいにしちゃダメですけどね。でも、時間をかけて作ったものを一口も食べてくれない精神的ダメージたるや…。なのに、簡単なうどんや、皮を剥くだけのバナナは嬉しそうに食べるし…。

これが毎日のように続いたら、そら作る気なくすわー！　って。

世のママさん達（もしくはパパさん達）は本当に偉いですね。文句も言わず毎日ご飯作ってるんですよね。私はもう本当しんどいんで、愚痴をこぼしつつ今後も作っていきたいと思っております。

今日は時間かけて煮込み料理作ったど〜
みんな喜ぶかしら
ー夫ー
おれ胃が痛いから
夕飯いいわ
胃弱
ー長男ー
イヤっ
偏食
そんな…
ー次男ー
りんじん
野菜だけ食べる人
たーねぎ
はいはい

日に日に　やる気を　失っていきます

第3章

迫り来る

お母さんはイヤイヤ期警戒中！

2019

4月 1日（MON）－8月 3日（SAT）

来たぞ！ イヤイヤ期

それまで天使のようだった
次男が…
おだやか
いつも
ジャックナイフへと…
なに見とんねんワレ
それに一番
ショックを受けたのは
あっく〜ん
いやっ
ペチ
ほかでもない
長男でした
ふおお…

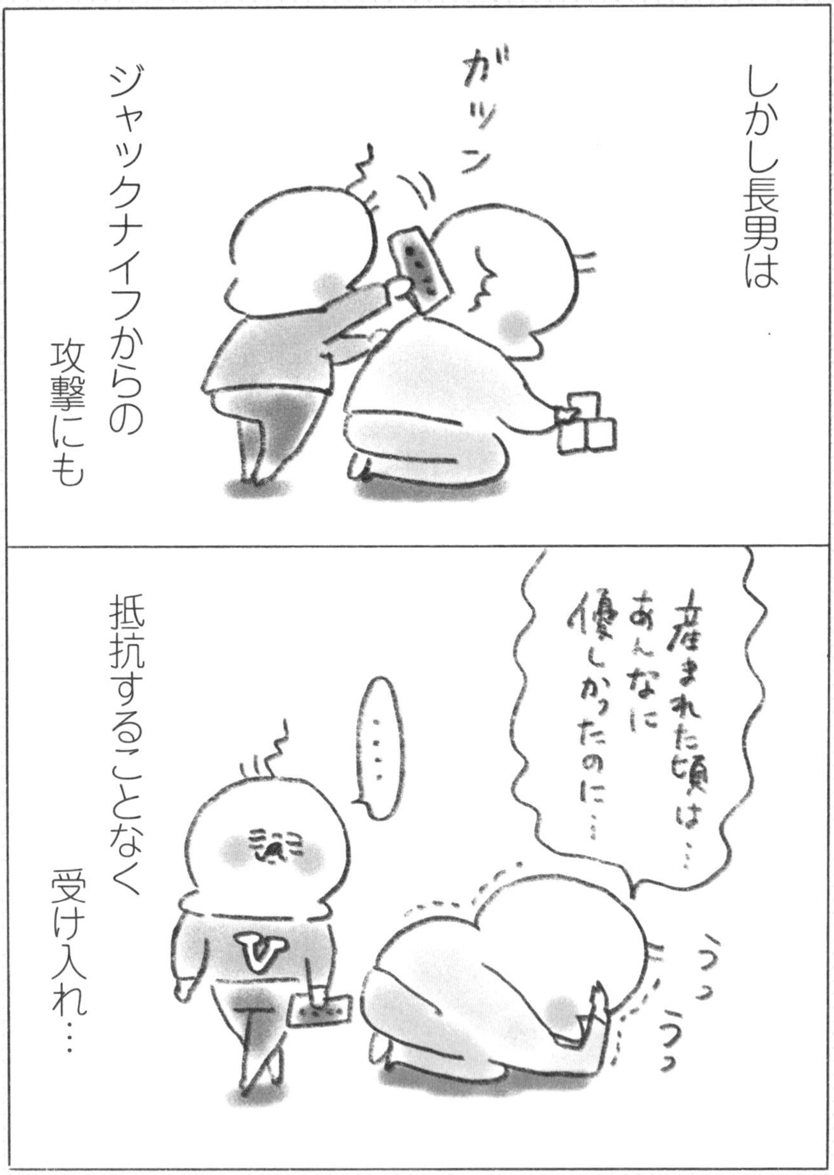
しかし長男は
ガツン
ジャックナイフからの
攻撃にも
産まれた頃は…
あんなに
優しかったのに…
……
うっ
うっ
抵抗することなく
受け入れ…

兄として
弟にいろいろと
あっくん
このオモチャは
こうやって
遊ぶんやでっ
教えようとしましたが
ジャックナイフには
そんなこと
関係あらへんので
キャー!
なぜー!!
ガブリ
そうこうしてるうち
兄はブチ切れました
・・・・
もうっ
あっくん
育てて
あげへんっ
1人で
育ちっ

なぁ
ママ…
あっくん
育てんの
大変やなぁ
相談してくる
長男を見て私は
なぁ
ママ友が
できたみたいで
嬉しい…!!
と思いました
思えば
長男のイヤイヤ期
イヤあぁ
人体って
こんなに
反れるのか…
気軽にグチを
言える相手も
いなかった…

あの時は
「これが一生続くのかしら…」
ギ〜〜〜
なんて思ってたけど
4才になった今
こんなに穏やかな長男——
おかげで、次男のイヤイヤ期も
優しい気持ちで見守れています
なに
見とんじゃい
長男とは種類の違うイヤイヤだし…
そういえば
長男は泣いてたけど
次男は泣かないな

そして弟に
ブチ切れたはずの
長男でしたが
ニコッ
↑きげんがいい時
ニマニマ
ママ見て
あっくんが
可愛いっっ

あっくん
笑ってる方が可愛いで
ちら
ヒヨキライ
あっくんはまだ
好きって言われへんねんな
…
エライな
もしかしたら長男は私より大人なのかもしれません

でもそんな長男も
ひとつだけ
絶対に許せないことが――
ただいま
パパキライ
あっくん
それはダメ!!
パパのことキライなんて言う子はヒヨくんもキライになっちゃうんやからなー!!

我が家は今日もにぎやかです

新元号の件

令和
決まりましたね！響きがかっこよくて好きです。

1.

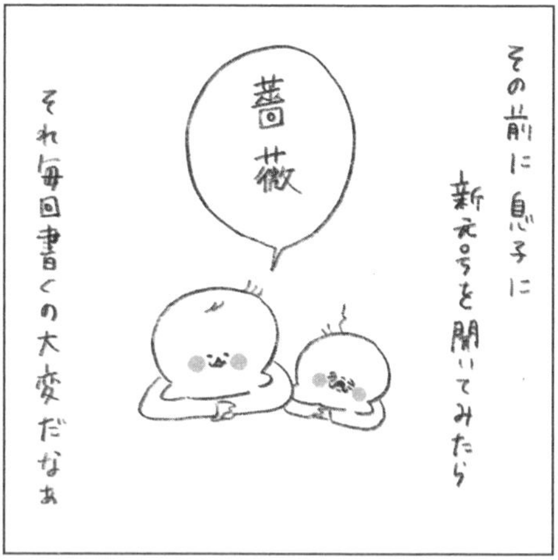
その前に息子に
新元号を聞いてみたら
薔薇
それ毎回書くの大変だなぁ

2.

薔薇
令和でよかった

3.

4月 1日 (MON)

令和になったときのこと、次男は無理だろうけど長男くらいは覚えているかな?

成長

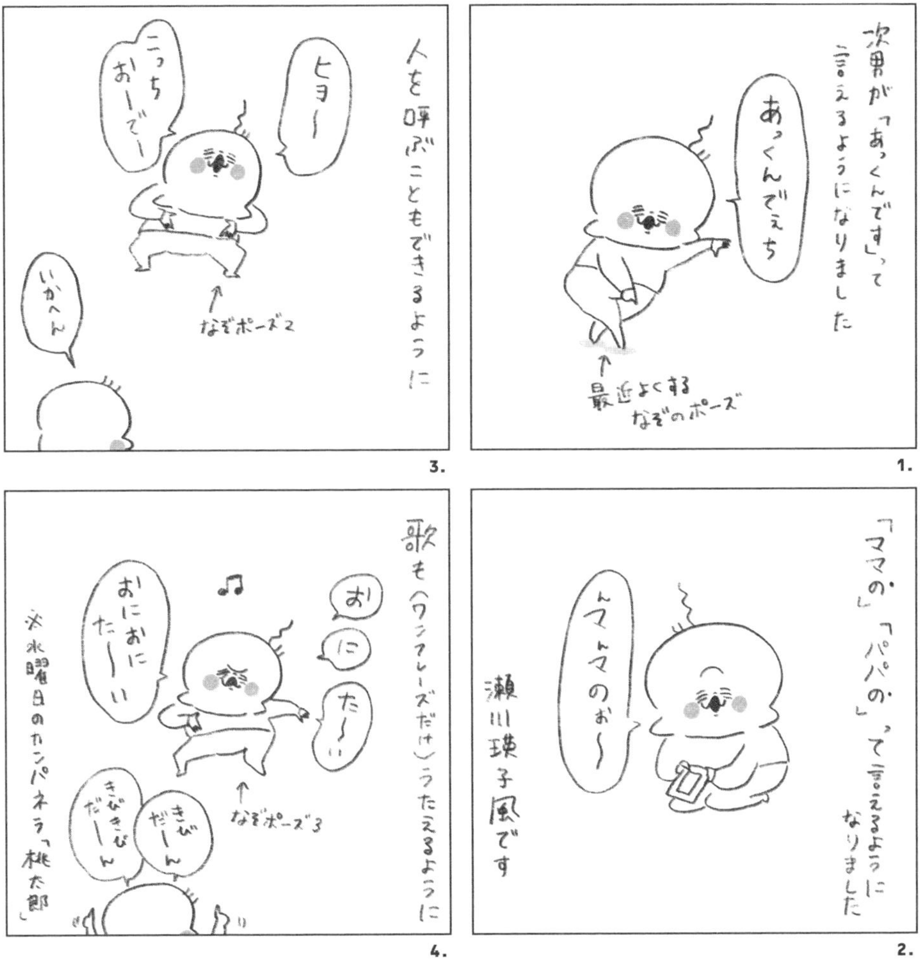
次男が「あっくんです」って言えるようになりました
あっくんでぇち
最近よくするなぞのポーズ
1.
「ママの」「パパの」って言えるようになりました
んマんマのぉ〜
瀬川瑛子風です
2.
人を呼ぶこともできるように
ヒョー
こっちおーでー
なぞポーズ２
いかへん
3.
歌も（ワンフレーズだけ）うたえるように
お
に
た〜い
おにおにた〜い
なぞポーズ３
きびだーん
きびきびだーん
※水曜日のカンパネラ「桃太郎」
4.

4月 3日 (WED)

あっくんが毎朝「あれ、またでかくなってる」って思うくらい成長しています。兄を追い越すのもすぐかもしれません

働く理由

今朝
ねーママ ママってお金もってないん？
1.
え
も、持ってるけど…
この言い方もいやらしいな
2.
じゃあなんで働くん
えっ どう答えたらいいの…
3.
え〜〜と
も、もっとお金が…ほしいから……？
ダメな答え
4.
じゃあ
会社で働きや
ええ〜〜!! 怒られた〜
5.

4月 5日（FRI）

仕事が好きだからって答えたら良かったナ…

リベンジ！

1.
神戸どうぶつ王国に行きました
↑義母
2.
前回長男と来た時の思い出は
イヤや
イヤや！
イヤ
イヤや
イヤや
とにかく泣きさけぶ姿
3.
今回は…
ママ
カバさん可愛いで
4.
こんなに楽しめる日が来るなんて…
幸せ…。
ママ一緒にエサあげよ
直接さわろうとする

4月　7日（SUN）

最後に行ったのが長男イヤイヤ期真っ最中。移動のたびに号泣で…今回は本当に動物園を楽しめて、すごく嬉しかったです

助詞で伝わる気持ち

1.
あっくん うさぎさん ちょーだいよ
2.
ガ゛ッ
あっくんニーよー
3.
ガチャ ガチャ
うまく できない? 手伝おっか?
4.
あっくんがー
へへ
「自分の」とか「自分が」とか言うようになってきました

4月 8日 (MON)

単語だけだったのが、接続詞とかも増えてきて、会話っぽくなってきてます

就寝の儀式

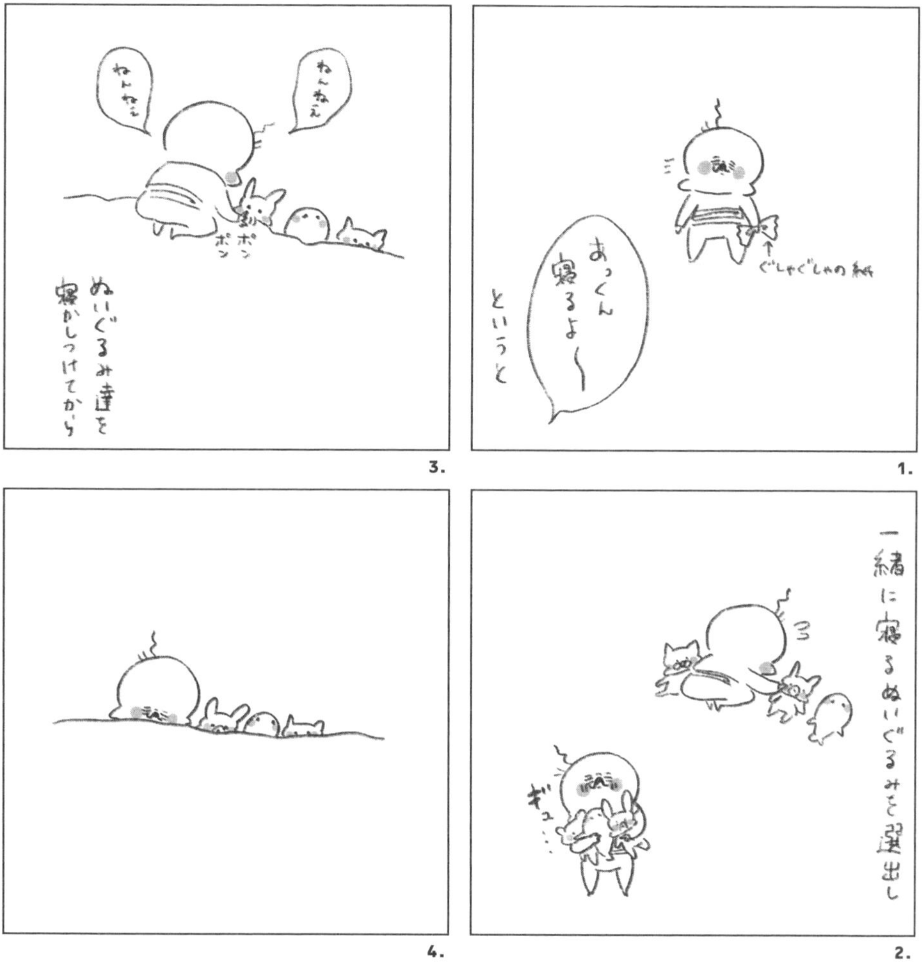
1.
おっくん寝るよ〜
というと
ぐしゃぐしゃの紙
2.
一緒に寝るぬいぐるみを選出し
ギュ…
3.
ねんねえ
ねんねえ
ポンポン
ポン
ぬいぐるみ達を寝かしつけてから
4.

4月 9日（TUE）

長男もこの時期同じことをしてましたがなんかあるんですかね？「寝かしつけ期」みたいな

お気づかい②

1.
長男が夫と2人で映画を観てきました
ママ〜バンブルビー観てきた
2.
なにげなく言ったこの一言で
わ〜よかったねぇママも観たいわ〜
え…
3.
次の日
ママも観たかった?
ヒヨくんとパパだけ行っちゃってごめんな
いやいやいやいや全然いいからっ
4.
そのまた次の日
あ、しょうだ
今度はママと観にいこうかなっ
めちゃくちゃ気を使わせました
わぁありがとう〜(そしてごめん)

4月12日(FRI)

優しさよ…ありがとう

ほめてのばす

どぉーちだ
※「どっちの手に紙が入ってるか」聞いてます
こっち
ピコポぉー
※正解したようです
やったー
ねー
ほめることも忘れません

4月15日 (MON)

どっちの手を指差しても褒めてもらえる最高なゲーム

あっくんの成長速度

朝ヤクルトをテーブルに置き
1.
朝ごはんを作ってると次男がタオルをもってきて
マっ
ママあ
こおしちゃっちゃ
こおしちゃっちゃ
2.
ん？
?
こおした？
何？
こおしちゃっちゃ
ん
ん
3.
ああ!!
ヤクルトこぼしちゃったの?!
ん
ん
あっくんすんげー!!!
ヤクルトあけたのも こぼしたのを伝えにきたのもタオルもってきたのも全部感動しました
4.

4月16日（TUE）

こぼしたらタオルで拭くってとこまで自分で考えたんだなぁと思うと愛しい

すごいよ！あっくんさん

あっくんと「だるまさんがころんだ」
あっくんがオニ
・・・・
動かないね・・・
あっくんはやく「だるまさんがころんだ」って言って〜
くるっ
？
だるましゃんが
ころんだあ
鬼の方からやってくるスタイル
わっ
にげろ

めっちゃ怖かったです

川に入る時のあっくん
服をぬぎ
バッ
ドラミングをしながら
入っていき
一番大きな石を持ち
うおおお
叫んでいました

長男は「服がぬれるのイヤ」って言ってました

モーニングルーティン

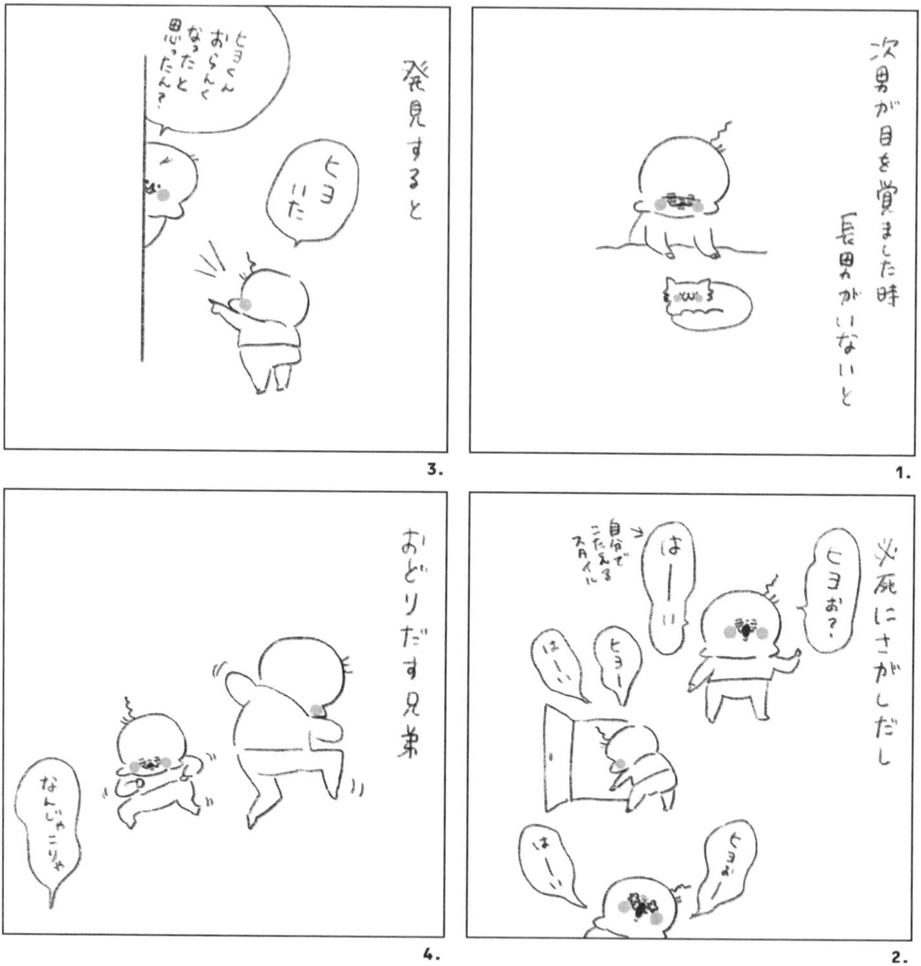

4月20日（SAT）

兄弟の観察は飽きないです

兄弟でまったく
性格の違う2人
どやさ
キャルン
慎重派の長男は
人見知り
場所見知りは
するものの、その分
ムチャはしないので安心して
見ていられますが
あああああああ
道路をわたるのもめちゃ気を使ってる
大胆不敵な次男は
ドンと構えた
性格で
普段は楽
なのですが
怖いもの知らずで
こちらがヒヤヒヤすることも
ドーン
ドンッ
ドンッ
ちょっ
待って
こんな2人を見ていると
「どんな子が育てやすいか」
なんて
決めつけられないなあと
思うのです

長所と短所は表裏一体！

4月23日（TUE）

個性

長男に「5才になったら何やりたい」って聞いたら
5才にならへん
私も今年37才にならへんことにします

なりたくなくても5才には、なっちゃうんだなぁ

お気に入り

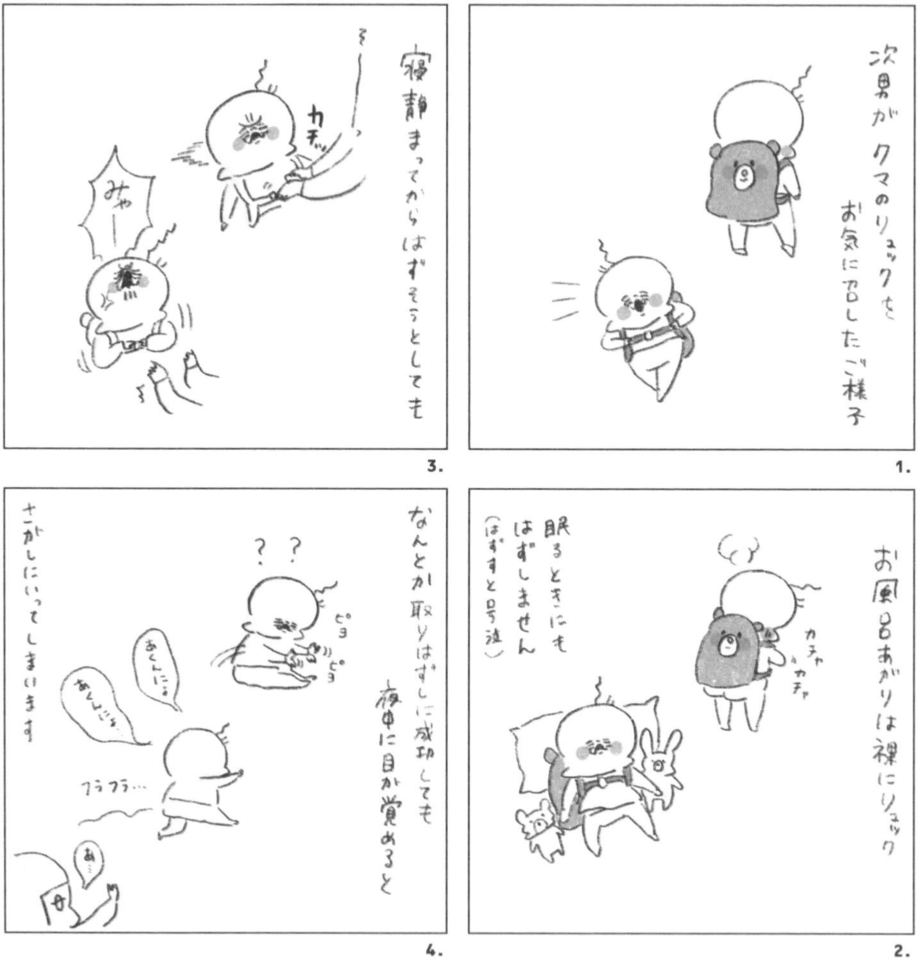
1.
次男がクマのリュックをお気に召したご様子
2.
お風呂あがりは裸にリュック
カチャ
カチャ
眠るときにもはずしません
(はずすと号泣)
3.
寝静まってからはずそうとしても
そ〜
カチッ
みゃー
4.
なんとか取りはずしに成功しても
夜中に目が覚めると
??
ピヨ
ピヨ
あくんにょ
あくんにょ…
フラフラ…
あ…
さがしにいってしまいます

4月25日(THU)

裸にリュックの写真がたくさん撮れました

育児疲れ？

1.
イヤイヤ期に突入してきた次男
ふぉぉ…
2.
とはいえ、まだ全然かわいいもんなのですが
あっくん 手ぇ つなごー
3.
ナイフのようにとがりだした次男にショックをうけた長男は
みゃー
4.
あっくん 育てんの
大変やわ…
育児疲れのママみたいになってます
(気もち わかるよ)

4月26日(FRI)

育児疲れしてる４才児

よろしくね

5月 1日 (WED)

今日から令和です！　引き続き、愉快なやまもと家でお送りいたします

しあわせな時間

5月　2日（THU）

子分と一緒に場所取りしてきました

社長の概念

ユラユラしてんとピコッと食べや!!
ムッ
社長みたいな言い方せんといてっ
息子の中の「社長」とは――

2.　1.

5月 3日 (FRI)

「偉そう=社長」というイメージ

はちが
ぶ
ぶ
ぶ
ぶ

次男、新曲を覚えました

ケンカするほど…

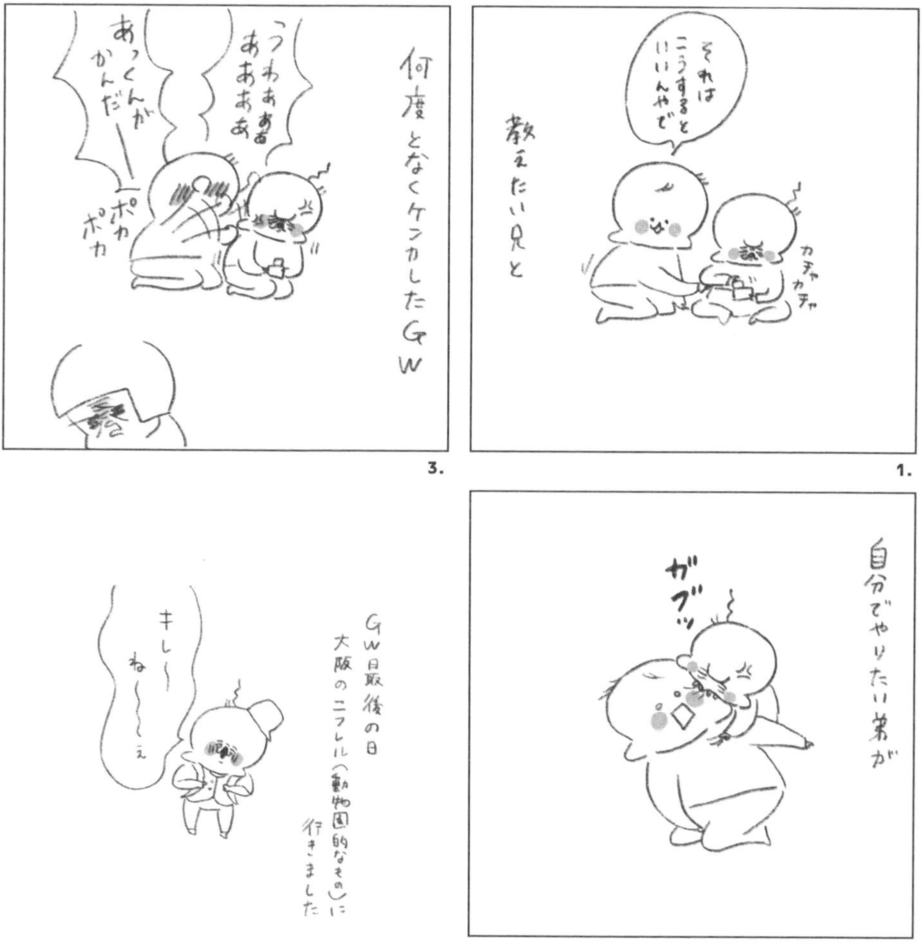

5月6日(MON)

ケンカがあるたびに頭痛がしました

ぜいたくなGW

ゴールデンウィーク中
ハロー
1日だけ姉がきました
理由は「観劇のため」
劇団四季オタク
えーと
今日のキャストは…と
毎年子どもの日に息子を劇場につれていってくれるのです
今回観にいくのは
ポンポ
ポンポンポ
ポンポンポッ
「リトルマーメイド」!!
やったねヒヨくん
今日の王子役は○○さんだよ
1人コーフンする姉
ポムッ
実は私はこの数ヵ月前に
心が浄化される…
1人で「リトルマーメイド」を観にいってたので
（これも姉のおごり）
今回は遠慮して
バーイ
長男と夫と姉だけで行ってもらうことにー
次男はまだ劇場に入れないので
姉が予約してくれた託児所へ預け
たまには1人でゆっくりしい
という姉の優しさに甘えることに

タイムリミットは3時間後
どうしよう どこ行こう
ドキドキ
仕事中も育児中も行けないような…
というわけで
ちょっといいレストランへー
ちょん
じっくり味わおう…
ぶつ ぶつ
子づれじゃ来られんもんな
しかしこんな時にかぎって…
鼻がつまって味がわからん…
ガシャン
風邪ぎみでした
その後、梅田の大きな本屋さんへ
あーこれ
読みたかったやつ!!!
マンガを大量に買い
えへへ
買いすぎちゃった…
Book
Book
幸せ
幸せ…
幸せ
幸せ
姉からもらった休みを
ママーすごかったよー
満喫した私なのでした

レストランだけ心残り・・・

もう、泣かない

今朝、GW明けで
ぐずるだろうなと予想してたら
保育園いくよ〜
コクリ
コクリ
意外と素直にいきました
1.
保育園から帰ってきた時
ばあばから電話があったので、かわると
泣かずに行ったのー？ エライねえー
2.
涙がないからってさみしくないとはかぎらないんやで
何ゆーちょっとかわからん
3.
次男にかわると
あっくん変な顔して
クイッ
ギャッハッハッハッハ…
4.

5月 7日（TUE）

最近、本当に泣かなくなってきました

人生お初

1.
次男と買いもの中
さがしてた品物がなく
んー
ないねぇ
2.
そしたら次男が
ないねぇー
マネしたので
3.
可愛かったので何度も言ってみたら
ないねぇ
わきわき
ないねぇー
4.
なんかいゆーねん
ホワホワーン
次男、人生初のツッコミである
(てかいつの間にそんな喋れるように…)

5月 8日 (WED)

1才児の初ツッコミは非常に的確にしてかわいさ120点！

頭脳派

5月10日(FRI)

長男の優しさを利用した犯行

母の日

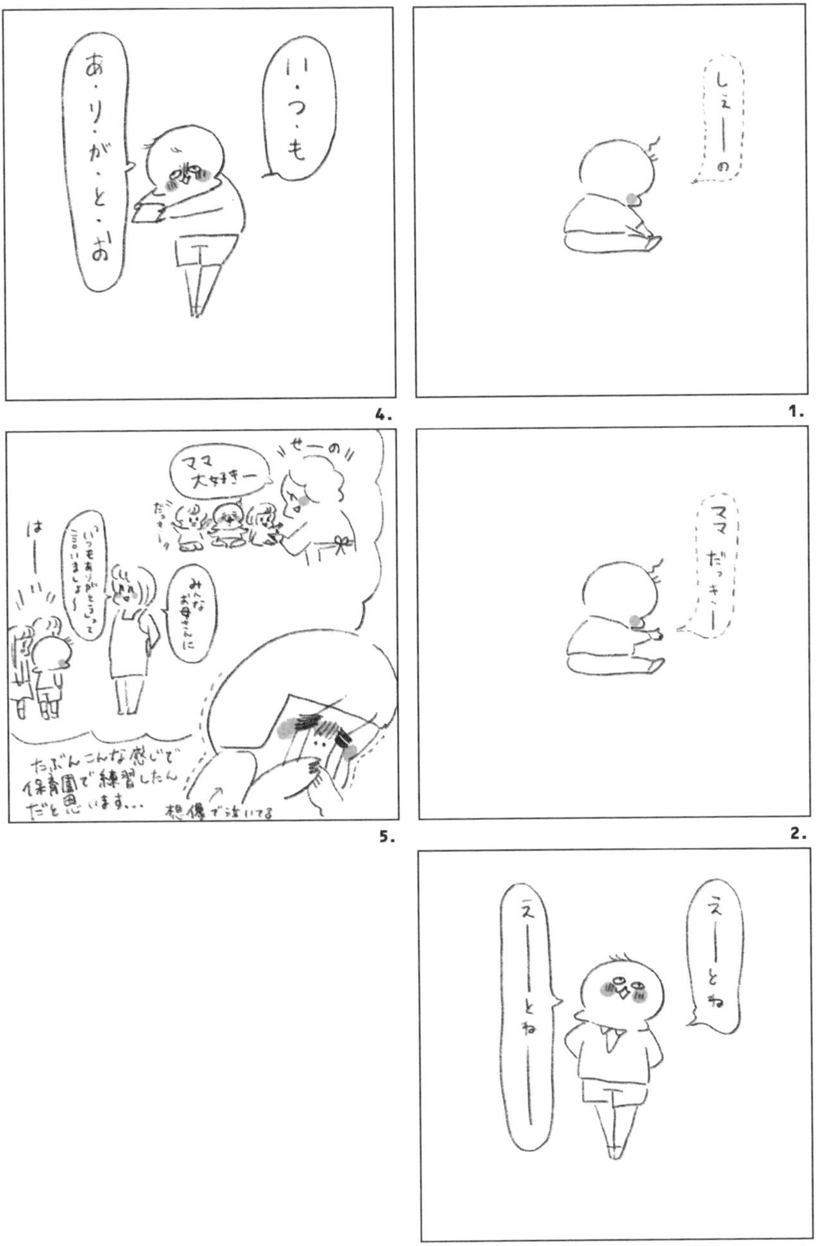

5月 11日 (SAT)

母の日の練習を保育園でしてたのか、おうちで２人が披露してくれました。しみる…

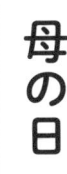

恥じらい

文章(?)で話すようになりました
とっと
おたら
あちゅたった
「ちょっと お皿 あっかった」
でも保育園では
おうちではおしゃべりしてるんですねー
保育園ではあんまりしゃべってくれなくてー
へえーー
そうなんですか
↑帰る準備中
何かしゃべってるなと思って
何してるの?
話しかけると
恥ずかしがってうつむいちゃうんです
かわいい…

5月15日(WED)

次男が保育園ではシャイなのも萌えポイント

次男語辞典

1.
次男のお言葉
キートントン
ないねぇ
「リモコンないね」
2.
アパ
「カバ」
つきつきう
「キツツキ」
3.
おしり
ちゃんねぇ
「おしり探偵」
4.
びじちゅー
ヲー
みう
「びじゅチューン！のムンクの叫びラーメンが観たい」

5月17日（FRI）

「おしりちゃんねぇ」だけ業界用語みたいだ

こころの成長

観てたアニメの登場人物が死んでしまった
1.
なんだか
悲しいな…
2.
悲しいお話やな…
涙でちゃうな
3.
今まで映画をたくさん観てきて人が死んでもポカーンとしてた息子がはじめてこういうシーンで泣いたのでなんていうか めっちゃ動揺してしまって
が…
悲しいよね
わかる
うまく返せませんでした。
4.

5月18日(SAT)

ただ、すごく感動しました

生きててよかった

5月20日（MON）

ちなみに私は教えていません

キライ

5月21日(TUE)

長男の反応を面白がっている部分もあるっぽい

キライ②

今朝
ゴロ ゴロ
ネコのトンちゃんとひたすらゴロゴロしてたので
ゴロ ゴロ
ゴロゴロゴ…
トンちゃん好きだねえ
（母）
トンたんきやり
（トンちゃん嫌い）
なんなの

5月23日（THU）

素直になれないお年頃

バランスボールの行方

長男から「ジャンプ力を強化したい」と言われて
？
バイン
バイン
トランポリン買うか悩んだあげく バランスボールを買ってみました
1.
案の定
あっくんもバインバインしゅーー
次男がほしがり
2.
バッグがわりに持ちあるいてます
あっくんでーづ
やっぱり トランポリン買ってほしいな
3.
ピシュトには バンバンして こうげきするやろ
ギターは 音楽で こうげきするんやで
ロックスターかな？

5月24日（FRI）

ちなみに、子どもたちがいない時には私が乗ってます

ママの嫌いなもの

5月25日（SAT）

声を低くして頑張って怖く演じてるのも可愛いのです

兄のやさしさ

おふろあがり
長男のTシャツを着たがる次男
ヒヨの〜 きこりゅー
自分のあるやん
次男のTシャツ
1.
やっ
ポイ
(母) あっくん 自分の着なさい
2.
もー
とくべっやでっ、
えっ
3.
ヒヨくん 悪いときも あるけどな
カチャカチャ
ヒヨくんっっ やさしいっっ
4.

5月27日 (MON)

次男に厳しくすると、長男が優しくなる

姉in大阪

姉が来ました
今日泊めてね
1.
なんで
なんで泊まりたいん
2.
泊めてよっ
明日は帰ってな
3.
ねーねー泊めてよーー
夜には帰ってな
冷たくされるほど輝く姉
4.
そんな姉が
大阪の
本当においしいパン屋さんが知りたい
と言ってまして、知ってる方は教えてくださいますでしょうか
5.

5月28日（TUE）

冷たくされればされるほど、姉は嬉しそうにしてました。パンの話は次に続きます

やまもとシスターズ

ある日、私が仕事で
朝早く家を出なくちゃいけなくて
朝5時発
夫も義母も仕事で
保育園の送迎がムリだったので
ごめんな
ごめんね
福岡から
姉に来てもらいました
スチャ
じゃ
ん
とおりもん
駅で会った姉からは
おねーちゃん外のトイレでは用を足さない派で
外では水分もとりません
なにそれ
よく分かんない情報をもらいました

そして私の仕事もおわり
たでーま
おけーり
せっかくだし大阪のおいしいパン屋さんいきたい!!
次の日2人でパン屋めぐりをすることに
インスタやツイッターで「おいしいパン屋を教えて」と言ったら
○○の△△がおいしい!
○○がオススメ
カレーパンなら○○!
○○パンすごくいいよ
本当にたくさんの情報をいただき
えっ
いい人多すぎん…?!
姉が感動してました

みなさんからもらった情報を参考に
統計をとる姉
5つくらいに絞り
朝からパン屋めぐりへGO
パンをつめるため空のリュック
わー
1軒目のパン屋で
そういえばさ
おねーちゃん
「いい子」が苦手って気づいたわ
またよく分からん情報をくれました
あ、でも神田沙也加は
別
あの子は苦労してきたいい子だから…
神田沙也加の何を知ってる
あー なんか分かるわ
「いい子」苦手って
土屋太鳳ちゃんが同じクラスだったら劣等感で落ちこむ
せっかくおいしいパン屋来たのに話題がこれ

パンの話もせえよ

5月29日（WED）

姉と息子たちの3日間

1.
昨日はみんなが起きる前に 静岡へ行ったので
コソ…
2.
起きた時 私がいなくて 次男が泣いてるかと思ったら
姉
めっちゃ笑ってる。
めっちゃ笑ってました
3.
大阪に帰ってきたら
パイちゃん
ペッタリ
いつのまにか 姉のこと「パイちゃん」と呼んでいて
4.
パイちゃんとねんねつう
姉と眠りたいと言いだしました
5.
長男は
おばちゃんと寝たいん〜
そう聞くので、なんとなく「はーい」と答えたら
はーい
6.
ママはパパと寝ときや
ヒヨくんがおばちゃんと寝るわ
と言って枕をもってきました
7.
しかし次の日には
いつまでおんの
はよ帰り
つめてえ
8.
じゃあ次はヒヨくんがおばちゃんち来てよ
ヒヨくん仕事で忙しいねん…
パイちゃん
保育園でやることいっぱいあんねん
9.
そして おわかれの時
また
あさっておいでな

いまだに、なぜ「パイちゃん」なのかわからないままです

やっぱりパパが好き

パパ今日帰り遅いんだって
何か言ってあげて
LINEのボイスメッセージ
パパきゃい
パッ
パパ大しゅき
バッ
あっくん
パパに嫌いなんて言う子ヒヨくん嫌いやで
きゃい

6月　1日（SAT）

嫌いブームの次男とそれをフォローしてまわる兄

庇護者なので…

姉が来てた時も
キャーい
次男が「嫌い」っていうと
あっくんまだ上手に好きって
言われへんねん
フォローしてたそうです

2.　1.

6月 5日 (WED)

次男の「嫌い」ブームのせいで、フォローが上手くなってく長男

姉から聞いた話

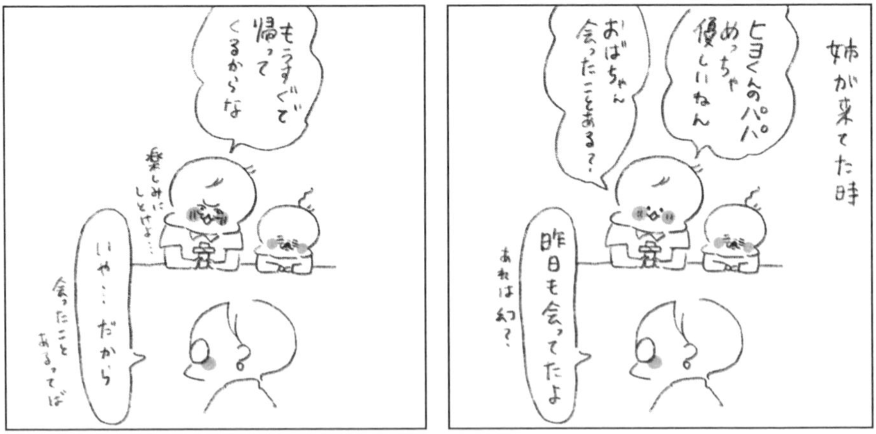
姉が来てた時
ヒヨくんのパパめっちゃ優しいねん
おばちゃん会ったことある?
昨日も会ってたよ
あれは幻?
もうすぐ帰ってくるからな
楽しみにしとけよ…
いや…だから
会ったことあるってば

2.　1.

6月 6日 (THU)

姉が夫のことを知らないと思い込んでるっぽい

長男・ヒヨくん

長男が次男に怒るとき
あっくんの…
あっくんの…
あっくんのナニ野郎!!!
と叫びます
説明しよう
「ナニ野郎」とは——
「バカ」という言葉を使うと私に叱られるとわかっているので
「バカ野郎」とは言わず
あっくんのナニ野郎!!!
になるのである。

「ナニ」をチョイスするセンス

昨年ぴっちりになった洋服を
あーもうこれ今年までしか着られないね
念のため今年も着せてみたら
あれっ 着れたっ!? むしろブカブカ…
どうやら体重はあまり変わらず
縦に伸びたようです
(しかも足だけ)
スッ
うらやましいです。
キラ
キラ
キラ

ただただ　うらやましいです

6月10日（MON）

お気に入り

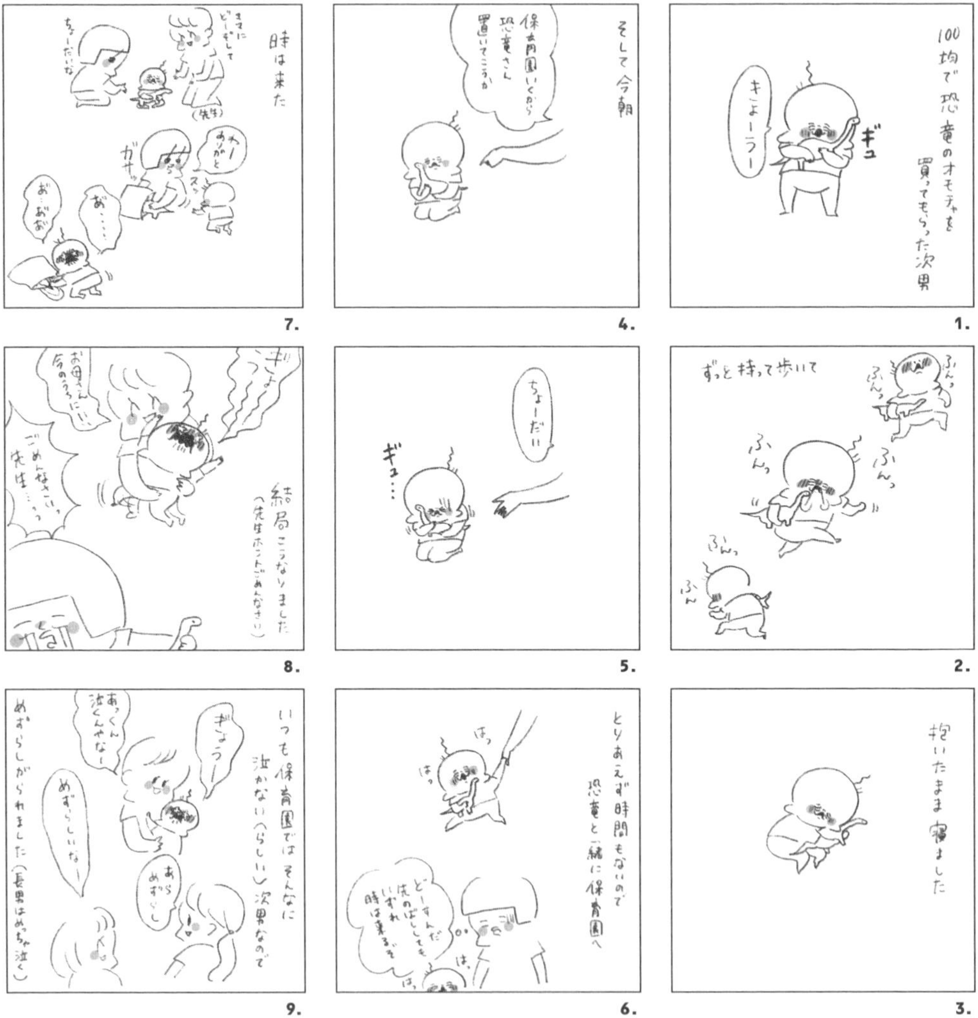
1.
100均で恐竜のオモチャを買ってもらった次男
キョーラー
ギュ
2.
ずっと持って歩いて
ふんっ
ふんっ
ふんっ
ふんっ
ふんっ
ふん
3.
抱いたまま寝ました
4.
そして今朝
保育園いくから恐竜さん置いてこうか
5.
ちょーだい!!
ギュ…
6.
とりあえず時間もないので恐竜と一緒に保育園へ
はっ
はっ
どーすんだ 先のばししても いずれ時は来るぞ
は。
はっ
7.
時は来た
ママにどーぞして
ちょーだいな
（先生）
わーありがと
ガサッ
スッ
あ……
お…おお
8.
ぎょう…
お母さん今のうちに!!
ごめんなさい、先生…っっ
結局こうなりました（先生ホントごめんなさい）
9.
いつも保育園ではそんなに泣かない（らしい）次男なので
ぎょうー
あっくん泣くんやなー
めずらしいなー
あらめずらし
めずらしがられました（長男はめっちゃ泣く）

この恐竜のオモチャ、寝るときも抱いていたんですけど、しっぽの部分が凶器となりザクザク刺してくるので、しばらく安眠できませんでした

譲り合いの心

6月15日（SAT）

切なく静かに確かに響く「あいどーじょ」…

兄弟愛

1.
長男が体調をくずして
オエエエ
2.
次男がめずらしく焦っていました
ヒヨぉ
どーちたっ?
ヒヨぉ
オロオロ
3.
長男が床に吐いてしまったのを見て
4.
ヒヨ
げんき
タオル
ヒヨぉ
げんき
あっくんママがふくよ!
ありがと!

6月18日(TUE)

誰よりも一番に長男を心配してた次男

最近、次男が
ちがうじょ
あっくんのだじょ
語尾に「じょ」をつける

6月19日(WED)

かわいい…

長男と一緒に次男のお迎えに行くと
0才児クラスの子が集まってきました
え～～～
全員かわいいんですけど～
わら
わら
すん…

6月20日(THU)

赤ちゃんってかわいいよね！　わかる！

次男が「貸して」を覚えました
（保育園でおぼえた）
あーちーてー
手をそえて
おりらたんあーちーて
（ゴリラさんかして）

6月21日(FRI)

か、かわいい…

「ありがとう」をめっちゃ言ってくれる
（これも保育園）
はい
ゴリラ
あいあとう
あいあとお

6月22日(SAT)

保育士さんには頭が上がりません…

手はおひざ

1.

2.

6月25日(TUE)

これも保育園で言われてるらしいです。かわいい…

雰囲気で会話

6月26日（WED）

なんとなく会話っぽいものが出来るようになってきました

お約束

6月30日 (SUN)

このやりとりを1セットとして1日10回……

負けず嫌い

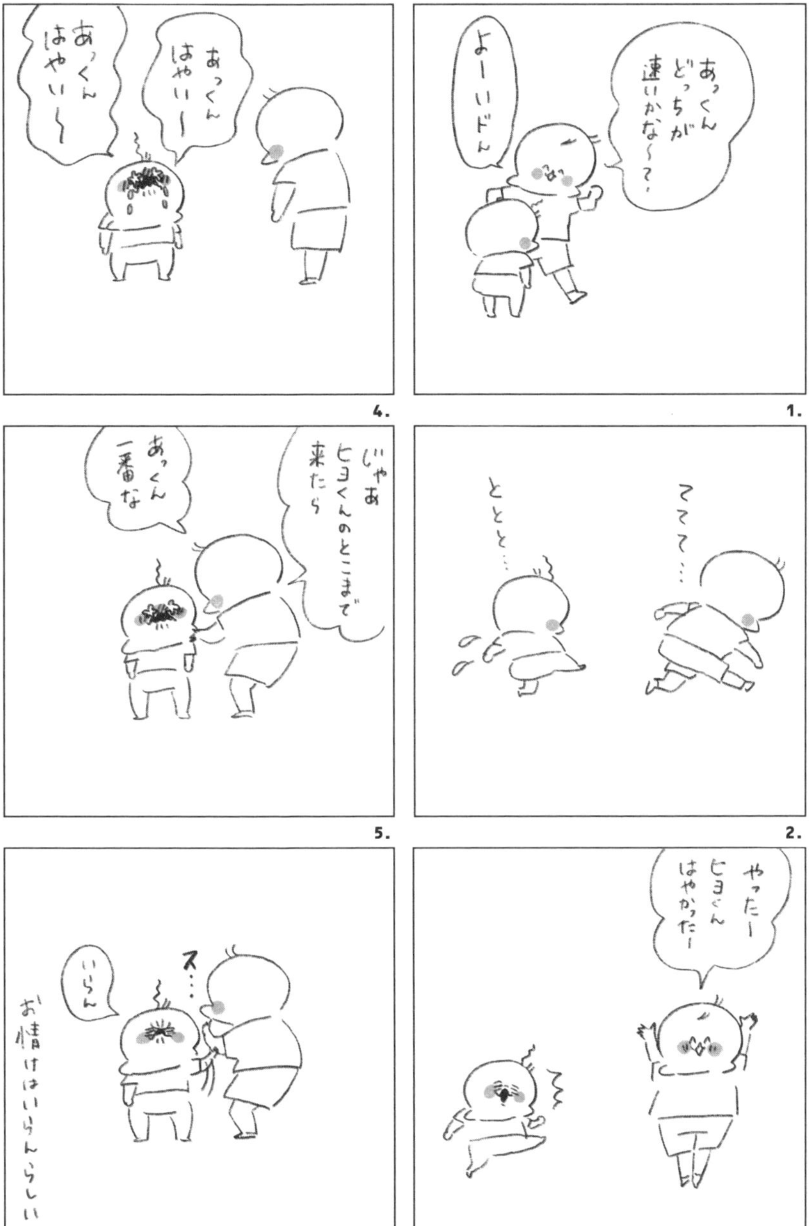
1.
あっくんどっちが速いかな〜って
よーいドン
2.
ててて…
ととと…
3.
やったーヒヨくんはやかったー
4.
あっくんはやいー
あっくんはやい〜
5.
じゃあヒヨくんのとこまで来たら
あっくん一番な
6.
ス…
いらん
お情けはいらんらしい

7月　1日（MON）

武士に情けは無用でした

小山くん

小山くん
オレのワンピースはこの娘や…
ギュ
うふふー
って言ってました

1.

小山健くんの娘
ギュー
って言って抱きしめてくれる
うふふー
笑い方うふふー
つん
って言っちゃう
急に知らない子に抱きつく
バイバーイ
全然知らん人にごあいさつ

2.

7月 2日 (TUE)

友達の小山健くんの娘が可愛すぎて腰抜かしました

あっくんが着がえを嫌がってこまっていたら
嫌がると壁にひっつく
あっくーん
長男が着せてくれました。
(そんなこと出来るようになったのね〜)

さち子愛

友人でマンガ家の
小山健くんと
対談することになった
場所は新宿の
高層ビルの上の方
成功者の眺め…
僕たちがいてはいけない場所だね
ビルが小さい…
ふるえるな
そして
あーだー
こーだー
対談がはじまった
（対談の内容はライブドアにて）
ライブドアの人達
お互い
仕事がゼロだった時を
知っているので
少し胸にくるものが
あった
じーん
小山くんは
手塚治虫文化賞のことを
聞かれた時
さち子（奥さん）が
ほんま倹約家で
授賞式で妹の
ドレスをかりるって
言ってたり…
「お祝いや」って
出してくれた
ちらし寿司の
上に乗ってるのが
イクラじゃなくて
とびこだったり
今イクラじゃなく
リクイクラになるので…
そんな小山くん
食事中も
おいしい…
ほんと
おいしい
さち子にも
食べさせたい…
あいつは今頃
辛ラーメン食べてる…
奥さんのこと
さち子が
さち子が
めっちゃ好きじゃんと
思いました

今日の嬉しかったこと

1.
長男を迎えにいくと
道でねっころがって泣いてる子がいて
2.
長男が近づいて
頭についた砂をはらって
3.
他の子も集まって
みんなで砂をはらって
4.
ありがとう
って
いいもん見ました

7月 3日 (WED)

優しさが広がる瞬間を見られて、単純に嬉しかったです

むかしむかし

突然のエンディング

やっぱり〜☆

長男のやさしさ

1.
テレビを観てる長男
イッヒッヒ!!ママにイタズラしてやるぞ
2.
ジタ
バタ
3.
ママ
テレビの中に入りたい!!
どうしたらいい？
4.
どうやれば入れるん？
ヒヨくんあの子に「ダメ」って言いたい〜
テ…テレビ局いくとか…？
5.
その後
ばぁ
ダメー!!
聞こえるように めっちゃ叫んでました

7月 4日(THU)

私の小さい頃なんてバイキンマン出てきたら「あははやれやれーアンパンマン殴ったったらええねん」とか言ってたのに…

USJ、再び!

7月 8日 (MON)

ミッキーがいないことに気づきませんように…

それぞれのUSJ

家族で久々の
USJ!!
入場前に
あっくんはキッキー
次男から「ミッキーが見たい」と言われ
不穏な空気が流れるも…
その方は関東におられるのだよ
あっくん USJには恐竜がいるんだよ
パア~
ダイナソー
恐竜好きなおかげでなんとか機嫌も元通り
長男は一年前に身長制限で入れなかった
キンチョーで
…
宙をみつめる…
スパイダーマンに再挑戦!!
じゃーいってくるわ
がんばって~
ちょっと緊張してる長男を遠くから見ていると
一年前からはずいぶん成長した事に気づかされます
前はこういうの並んでる間に
「やっぱり嫌だ」とか言って泣きだしてたのに…
ホロリ。。

そして
スパイダーマンに
乗ってるであろう頃
大丈夫かな
やっぱりまだ
早かったのでは…
トラウマに
なったら
どうしよう…
心配性
ママ〜
ハッ
楽しかった
よ〜〜
スパイダー、
マンが
助けて
くれ〜ねん
でもちょっと
泣いちゃった
え〜
すごい
ね〜
なんのこっちゃ
親の心配をよそに
子どもはグングン
成長してゆく…
ちなみに
ほとんどの乗り物に
乗れない次男は
でかいのぅ…
恐竜
ウォーターワールドを
見たり
…
ちょっと
怖かったらしい…
お土産やさんで
お面かぶったり
するくらいで
…
一番テンション
あがってたのは
恐竜のシールを
もらったときでした
ダイナソー
来年くらいからきっと
いろいろ乗れるよ!!

あっくん、おめでとう！

7月10日（WED）

次男の誕生日でした。赤ちゃんの頃からいつも穏やかで、よく寝てよく笑っていた次男も、今は私を笑わせようとして変顔をしたり、長男とケンカして怒ったり泣いたりしています。次男の成長は長男の時の倍くらい早く感じるので、その日その日を大切にしなきゃ！と少し焦ってしまいます。長男は、次男のためにハンバーグを作ってくれました。その形のいびつさが愛おしかったです。

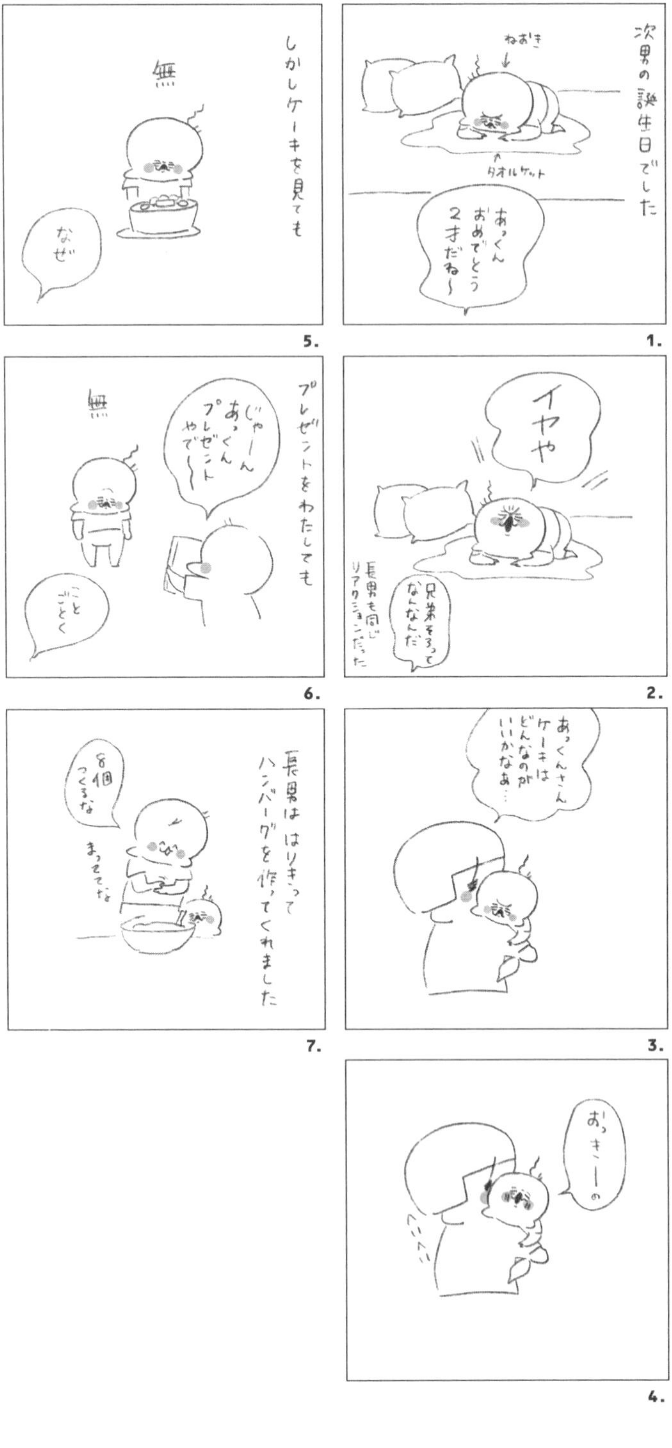
1.
次男の誕生日でした
ねおき
タオルケット
あっくん おめでとう 2才だね～
2.
イヤや
兄弟そろってなんなんだ
長男も同じリアクションだった
3.
あっくんさん ケーキはどんなのがいいかなあ…
4.
おっきーの
5.
しかしケーキを見ても
無
なぜ
6.
プレゼントをわたしても
じゃーん あっくん プレゼントやで～
無
ことごとく
7.
長男ははりきってハンバーグを作ってくれました
8個つくるな
まっててな

2019.7

時間差

一晩たって喜びがじわじわ来たらしい次男
あっくんの
キッキー
プレゼント

1.

やはり保育園にもっていくが
キッキー
ミニたん
今回は素直にリリース
ないない
おお

2.

7月 11日 (THU)

保育園の中には持っていけないので、返してもらえてよかったです

赤ちゃんはいいよね

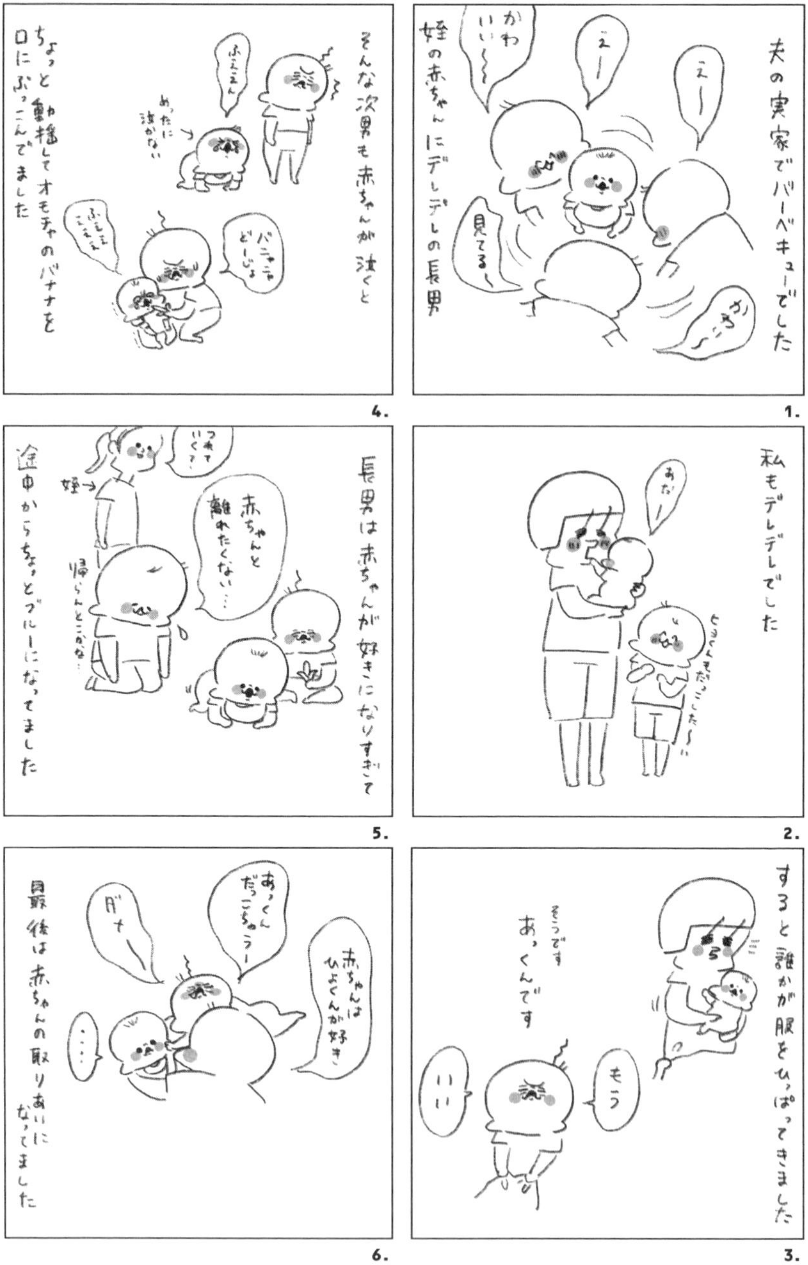
夫の実家でバーベキューでした
えー
えー
かわいい〜〜
見てる〜
姪の赤ちゃんにデレデレの長男
1.
私もデレデレでした
あた
ひよくんもだっこした〜い
2.
すると誰かが服をひっぱってきました
そうです
あっくんです
もう
3.
そんな次男も赤ちゃんが泣くと
ふぇぇぇん
めったに泣かない
バニャニャどーじょ
ちょっと動揺してオモチャのバナナを口にぶっこんでました
4.
長男は赤ちゃんが好きになりすぎて
つれていく？
姪
赤ちゃんと離れたくない…
帰らんとこかな…
途中からちょっとブルーになってました
5.
あっくんだっこちゅラー
ダメー
赤ちゃんはひよくんが好き
…
最後は赤ちゃんの取りあいになってました
6.

7月16日（TUE）

姪（息子たちにとってはいとこ）の赤ちゃんが可愛くて可愛くて、長男は「連れて帰りたいけどあっくんと喧嘩になっちゃうから我慢する…」って言ってました

いい服

1.
保育園のお迎えにいった時
他の子のママ
これはヒヨくんのおかあさんです
なぜ急に紹介を…
こんにちは
2.
キレイな服着てるでしょ
やめて
着古したヨレヨレTシャツ
3.
そうやねー
なぁもっと見て
ちゃんと見て
かかか帰ろう
ごめんなさいごめんなさい
4.
次の日ちょっといいワンピース着たけど
何も言われませんでした

7月24日（WED）

もう少し身なりに気をつけようと思いました

願いごとはなんですか？

夫と長男がアラジンごっこをしてました
願いごとを3つ言うのだ
なんだあのポーズ
人間の暮らしがよくなりますように
えっ…
えっ…尊…っ
ふ、2つ目はなあに…？
キャラ変わってるじゃん…
ペンギンはかわいいです
ほー
報告
1つ目との差よ

7月27日（SAT）

1つ目との差よ…そんで3つ目聞くの忘れてました

ひとりごと

必死に考えてるの 可愛すぎました

今日もゴリラ日和

ゴリラになりきっている次男の朝は
ドラミングからはじまる
チュン
チュン
1.
保育園についてもゴリラのまま
おはようゴリラさんこっちやでー
ゴリラとして扱ってくれる保育士さん
2.
夕方迎えにいくと
まだゴリラしてる
仲間のゴリラもいる!!
3.
今日も
ゴリラでしたよー
先生
バイバーイ
「今日もゴリラ」
4.

7月31日 (WED)

ドラミングの手はパアらしいよ…

7月xx日（xxx）

私の料理が失敗した日
ヒヨくんのおはな
おかしくなっちゃったのかな…
ううんママのせいだよ

衝撃！　気を使わせてごめーん！

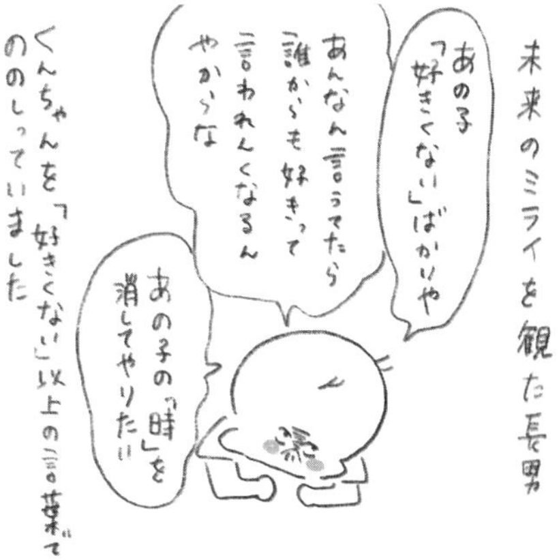
未来のミライを観た長男
あの子「好きくない」ばかりや
あんなん言うてたら「誰からも好きって言われんくなるんやからな
あの子の「時」を消してやりたい
くんちゃんを「好きくない」以上の言葉でののしっていました

この後も数日は怒ってました

はじめてking&Princeを見た長男
お
イケメンやん
あっくんはライオン
ラーメン

どの立場から…！

素直がいちばん！

1.
昨日、久しぶりに
ヒヨ
しゅきー
長男を好きーと言った次男
2.
手えつなぐ?
ん
3.
エレベーターのボタン押してもいいよ
いつも取りあいでケンカになるやつ
4.
かわい!!
2人分の荷物
ヒヨくんとアイスたべる?
たべゆ

8月 2日 (FRI)

いつもこんなに平和ならいいのにな…!

５才、おめでとう！

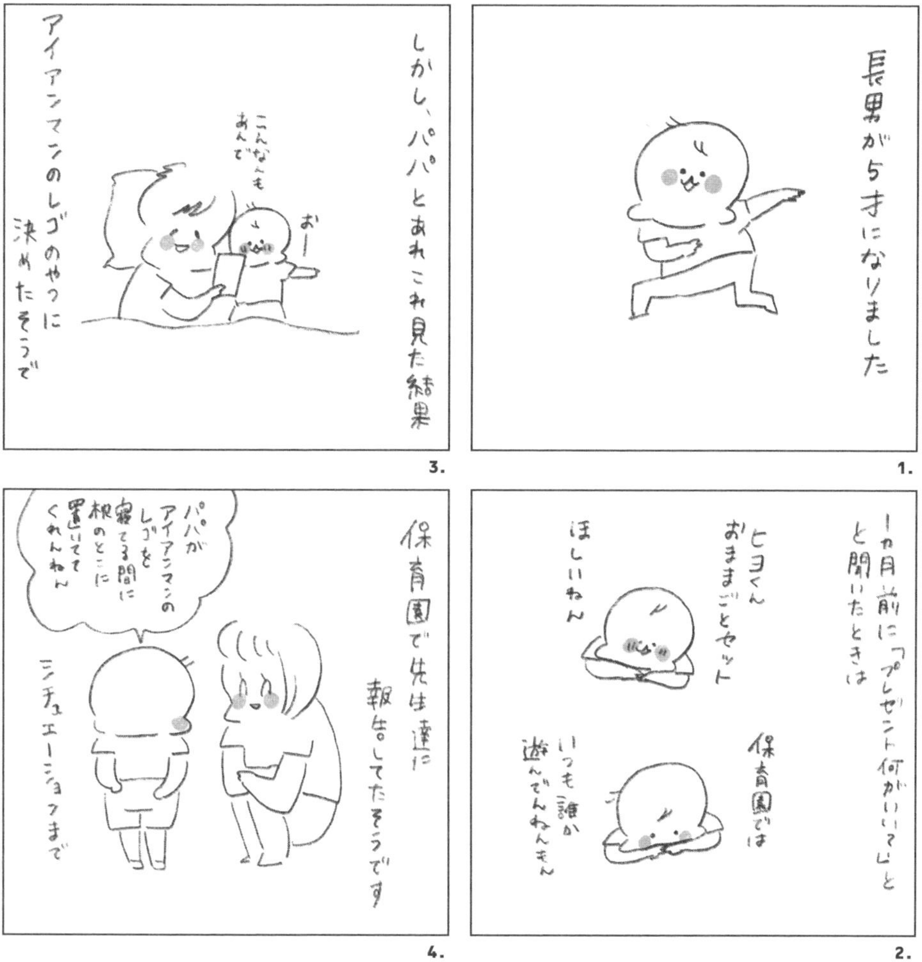
1.
長男が5才になりました
2.
1カ月前に「プレゼント何がいい？」と聞いたときは
ヒヨくん おままごとセット ほしいねん
保育園では いっつも誰か遊んでんねんもん
3.
しかし、パパとあれこれ見た結果
こんなんも あんで
おー
アイアンマンのレゴのやつに決めたそうで
4.
保育園で先生達に報告してたそうです
パパがアイアンマンのレゴを寝てる間に枕のとこに置いててくれんねん
シチュエーションまで

8月 3日 (SAT)

可愛いものとかっこいいものが好きな５才になりました。おめでとう。1〜3才が大変すぎたからか、４才は天使のように感じてましたが、さて５才はどうなるかな？

トンちゃんより愛をこめて

私はトンちゃん
この家の長女です
まだ子ねこの時に
やまもとりえに
連れられて
にゃおん
大阪にやってきました
和歌山生まれ
その頃のやまもとりえは
少し淋しそうで

表情も
乏しかったような
気がします
殺されるんちゃうか…って?
それから
この男がやってきて
おじゃまします
だれや
1人増え
だれや
2人増え…
だれやっ
家の中は
あははははは
あぶー
何匹増やすねん…
だー
コラー!!!
にぎやかになり

やまもとりえは
よく笑うように
なりました
そして
それと同時に
今回の事故により
○○名の園児が
よく泣くようにも
現場では
献花に
訪れる―
なりました

人間は
泣いたり
笑ったり
大変やなぁ…
そしてその
泣いたり笑ったりの
いたいねん
原因達は
私のことを
テーチャ
テーチャ
トラちゃ〜ん
ぐーん
オモチャだと
思っているようです

トンちゃん大好きー
お゙っぐん゙も゙～～
まあ 子どものすることですから
ゆるしてやるか…
私の取り合い……
そのかわり ストレスがたまったら
バリバリ
わー トンちゃんっ 服でツメとがないでぇ
なんでいっつも私ばっかり!?
穴がっ
こうすれば スッキリします
ふぅ

やまもとりえは、よく私に
トンちゃんはさー赤ちゃんの時も可愛かったけど
今の方が断然可愛いんだよねというか愛しい
愛しいという気持ちは年々増していくのかな
こんなことを言ってきます

その言葉の意味は
私にはわからないかも
しれないけれど
できればどうか
あの2人にも
いつか同じ言葉を
かけてやってほしいと
思うのです

すくすく育てよ
ところでこの男
今回ほとんど出番がないけど
ただいま～ トフちゃ～ん
一番、私の世話をしてくれる
チャオちゅ～る買ってきたで～
あとでブラッシングしたるな～
優しい男なのです

おしまい

お母《かあ》さんは息子《むすこ》推《お》し

ヒヨくんあっくん成長《せいちょう》日《にっ》記《き》

発行日　令和元年11月10日　初版第1刷発行

著　者　やまもとりえ

発行人　辻《つじ》 浩明《ひろあき》

発行所　祥伝社《しょうでんしゃ》

〒101-8701

東京都千代田区神田神保町3-3

☎ 03(3265)2081(販売部)

03(3265)1084(編集部)

03(3265)3622(業務部)

印　刷　図書印刷

製　本　ナショナル製本

デザイン　佐藤亜沙美(サトウサンカイ)

ISBN978-4-396-61707-3 C0095

＊以下は、「ゼクシィ baby みんなの体験記」より抜粋

P37、P49、P65、P72、P114、P131～132、P177、P205

Printed in Japan

祥伝社のホームページ　www.shodensha.co.jp